I MI SHENGHUO HE 100 ZHONG WENTI

1米生活和100种问题

——幼儿园课程游戏化的吴中实践

杨舒菡等/著

苏州大学出版社
Soochow University Press

图书在版编目（CIP）数据

1 米生活和 100 种问题 ：幼儿园课程游戏化的吴中实践 / 杨舒菡等著. -- 苏州 ：苏州大学出版社，2024.6
ISBN 978-7-5672-4829-8

Ⅰ. ①1… Ⅱ. ①杨… Ⅲ. ①游戏课-教学研究-学前教育 Ⅳ. ①G613.7

中国国家版本馆 CIP 数据核字（2024）第 110769 号

书　　名： 1 米生活和 100 种问题
——幼儿园课程游戏化的吴中实践

著　　者： 杨舒菡　等
责任编辑： 金莉莉
装帧设计： 刘　俊

出版发行： 苏州大学出版社（Soochow University Press）
社　　址： 苏州市十梓街 1 号　**邮编：** 215006
印　　刷： 镇江文苑制版印刷有限责任公司
邮购热线： 0512-67480030
销售热线： 0512-67481020

开　　本： 700 mm×1 000 mm　1/16　**印张：** 12.5　**字数：** 218 千
版　　次： 2024 年 6 月第 1 版
印　　次： 2024 年 6 月第 1 次印刷
书　　号： ISBN 978-7-5672-4829-8
定　　价： 58.00 元

苏州大学出版社营销部　电话：0512-67481020
苏州大学出版社网址　http://www.sudapress.com
苏州大学出版社邮箱　sdcbs@suda.edu.cn

序
让课程在生活中生长

对于第一次参加苏州市吴中区幼儿园课程游戏化推进会，我的印象很深刻。今天看到你们发生了很大的变化，从开始对生活有了一定认识，到现在尝试着观察生活，挖掘生活。

我先回答你们关于“教育即生活”和“生活即教育”的问题。杜威说，教育即生活。教育是生动有趣的，要把教育当作生活来对待。杜威的主张被陶行知先生所接受，陶行知先生提出了自己的主张“生活即教育”，强调只要能做的地方就是能学的地方，指出教育的范围比较广，不只是学校教育，还要关注生活中的教育资源。

关于对“一日生活皆课程”的追问，需要仔细分析哪些是真正有意义的，如果孩子们天天做同样的事，那不是课程。孩子们需要在行动中不断获得新的经验。怎么能让孩子们在行动中获得新的经验呢？教师要有课程意识和发展意识，要熟悉《3—6岁儿童学习与发展指南》，知道给孩子们提供什么材料，让他们获得哪些经验。

今天两个课程的故事，真的是在关注儿童的生活。陈园长的《我们搬家啦》，从老园搬到新园，孩子们要面临新的生活，对老园的不舍是课程，对新园的向往也是课程，在新园里遇到的问题更是课程。把搬新园的欣喜和在新园中遇到的困难变成课程，这就是生活化。解决问题的过程就是挑战生活，孩子们反复探索和尝试，在分析问题、解决问题中获得新的经验。新园楼房、楼层、班级的方位引导，停车位的测量、对应、规划，还有值日等，这些都属于新经验。朱老师的《柜子里的秘密》，是孩子们真正面临的问题，从柜子关不上到关得上，里面有很多新的经验，涉及空间规划、方位等。两个故事都具有一定的课程价值，孩子们遇到问题，并想办法解决，在实践中尝试后做出判断，总结得都很好。我觉得这就是未来可能会面临的问题，课程改革会引导孩子们继续关注生活，从生活中寻找资源。

吴中区资源很丰富，每个幼儿园教师都可以去看看周围有什么资源，哪些资源可以进入幼儿园，成为孩子们的课程，这些东西引进后会带来什么样的新经验、让孩子们面临什么样的新挑战。

举个例子，苏州市吴中区宝带实验幼儿园离大运河很近，大运河可以是幼儿园课程开发的重要资源。期待你们把外面的大运河搬到幼儿园里来，在模拟的真实场景里开展相应的活动，我相信船来来回回运东西，孩子们会感兴趣，让孩子们运用多种材料去制作船，这不仅与美术学科有关系，还涉及很多科学概念。我还期待，宝带桥不是用积木搭建的，而是用各种材料搭建的真实的桥，有真实的场景，这对孩子们的挑战就更大了。芦苇——你们找芦苇简单吧，我想看到芦苇是如何转化成课程的，是怎样被使用的，孩子们获得了哪些经验，这对教师是一种挑战。课程资源的挖掘和利用，一定要下功夫。

今天聚焦“让课程在生活中生长”，一方面，不要认为所有的生活都是课程；另一方面，不要局限在幼儿园的圈子里，外面的世界也需要探索，这同样是课程设计的重要组成部分。

对生活的理解，我再概括一下。生活是课程的基础，孩子们的学习就是过有意义的生活，有意义的生活就是不断遇到和应对新的挑战。《3—6 岁儿童学习与发展指南》指出，要让幼儿度过快乐而有意义的童年，第一是快乐，要高兴，第二是有意义，也可以理解为充实，有事做，并获得新经验。快乐和有意义加起来就是幸福。

儿童的生活，是物理空间、社会空间和心理空间的叠加，这三个空间各不相同，但都很重要。空间规划，要区域功能分明。区域有相对稳定的日常区域，还有主题背景下的区域。比如，幼儿园要做主题活动“繁忙的运河”，区域和之前的还会一样吗？

社会空间就是希望孩子们能加强交往。举个有趣的例子，我有一次去幼儿园，班上来了一位兽医，大家都围着他问这问那，最后还送兽医到大门口。我说：“今天你们好客气。”他们回答说：“兽医知道的东西太多了。”像兽医这样的人，周围还有很多。如果幼儿园能充分利用人脉资源，孩子们的交际面就广了，社会空间也拓展了。

有的孩子喜欢这个班级，是因为教师能倾听他们的声音，能和他们一起商量班级规则。但有些教师很少倾听孩子们的想法，孩子们就会失望。心理空间是生活的重要组成部分。要让班级真正吸引孩子们，最关键的是让孩子们觉得这个班级有趣，在这个班级可以做很多有意思的事，有很多收获。

物理空间、社会空间和心理空间共同构成生活。这里的共同生活不是指物理上要生活在一起，而是指心理上要在一起，要用儿童的眼光去看待孩子们，考虑孩子们的需要，这才是关键。

让课程在生活中生长，其中一个非常重要的词是“生长”。课程要不断生发，课程要由少变多，变得越来越丰富，这就是“生长”。这种“生长”的目的不是让孩子们重复做同样的事。经验的增长是关键，是最终的目的。幼儿园课程不是竹笋，幼儿园课程是甘蔗。竹笋、甘蔗都是往上长，会拔节的，但幼儿园的课程希望出现分蘖。一根竹笋长大后会成为一根竹子，一等于一。甘蔗是一根苗，分蘖会变成三根苗、五根苗，它会增长，一根会变成许多根。“生长”就是要不断地增加，积木成林。课程的“生长”，最后要落到孩子们经验的增长上。

南京师范大学 

（本序根据虞永平教授于2021年12月20日在苏州市吴中区幼儿园课程游戏化推进会现场的讲话录音整理，有删改。标题为本书作者后加）

写在前面的话

我们编写这本书，怀有两个目标：一是推进区域幼儿园课程游戏化建设，总结实践成果；二是为高质量幼儿教育的实践者寻找解决问题的钥匙。

苏州市吴中区有幼儿园百所，荡漾的太湖碧波、秀美的吴地山色、富饶的吴中物产，是孩子们取之不尽的资源库、用之不竭的生活场。当前，吴中区正全力推进幼儿园课程游戏化建设，吴中幼教人积极行动，探求课程变革。然而，在行进之中，我们发现变革之难，难在思维的转变。值得庆幸的是，南京师范大学虞永平教授给予了我们一次次的理念引领。正如他所说："生活是课程的基础，孩子的学习就是过有意义的生活。有意义的生活就是不断遇到和应对新的挑战。"本书的八个篇章"放手儿童的游戏""支持儿童的学习""解读儿童的秘密""发现儿童的生活""开放儿童的环境""携手儿童的成长""生发儿童的课程""课程游戏化的吴中实践"，就是在这个理念引领下生成的结果。它们犹如八条河流，从不同方向汩汩而来，最终汇聚成一条属于儿童的大川。

毋庸置疑，实践的过程是幸福的。我们和孩子一起"把大山搬进幼儿园"，发现"我们的水稻田"，探寻"幼儿园旁边有座桥"，品尝"让用餐充满幸福的味道"……幼儿园课程游戏化，便是在这种鲜活的、流淌着吴中气息的课程中，让孩子们获得成长。

教育即生活，生活属于儿童。在编写过程中，我们把孩子们邀请进来，本书的插画均来自孩子们的创作。孩子们画的吴中桥，是他们眼里的桥和心中的桥，于是就有了古老的桥、未来的桥、水里的桥、天上的桥……孩子们提了各种有关桥的问题，"造桥需要钻到水底吗?""为什么需要桥洞呀?""每一座桥的名字是从哪里来的呢?"……

2022年上半年疫情防控期间，我们有了更多的时间静心思考。两个多月的时间，我们收集了课程实践中的困惑和问题，整理了课程故事和案例，形成了本书的雏形，初稿名为《让课程在生活中生长》。2023年6月，我们和苏州大学出版社的编辑接触后，重新审视对幼儿园课程游戏化的理解，偶然的机会，脑海中跳出一组数字“1”“100”，最终定下了本书的书名《1米生活和100种问题——幼儿园课程游戏化的吴中实践》。

幼儿园课程游戏化的吴中实践，是不断追求真实和多元的过程。1米，是儿童的视角高度；1米的生活，代表着儿童视角下真实的生活，是亲密的生活、亲近的生活、连接的生活。100种问题，代表儿童有100种语言、100种思考方式。我们发现和接纳孩子们的100种问题，尊重和支持孩子们说的话。“1”和“100”组合在一起，还代表着课程的不断生成。正如虞永平教授所形容的那样，幼儿园课程像甘蔗，它会分蘖，会增长，会由一根变成许多根。

本书的顺利完成，得益于吴中区各幼儿园的支持。特别感谢俞华芳、钱霞、钱丽婷、翁凤萍、范荔甜、柳云霞、顾晓红、薛玉婷、孙菊、邹琴、马亚琴、赵冰红、郭园园、姚希、濮乙舟、张范吉、王君妍等老师的参与，感谢苏州市吴中区越溪实验幼儿园、苏州市吴中区木渎范仲淹实验幼儿园、苏州市吴中区碧波实验幼儿园及苏州太湖国家旅游度假区舟山实验幼儿园的孩子们温暖的画作和有趣的问题。顾梅、钱家荣、梁莉等师友给予的帮助，在此也一并感谢！

杨舒蕊

2024年1月1日

我在桥上看小鱼，小鱼在水里看我。

目　录

第一章 放手儿童的游戏

孩子通过游戏了解生活，通过游戏了解世界。

——杜威

引言

大家越来越认识到游戏对儿童成长的重要作用。玩是孩子的天性，也是孩子最好的学习方式。胡华老师说，游戏从来就不是学习的点缀，游戏就是儿童的生命状态！游戏对他们来说，就是自我与外部世界、梦想与现实、有生命的与无生命的、过去与现在以及未来的各种复杂关系的桥梁。

游戏是自由自主、愉悦创造的活动。游戏中的儿童是自由自主的，荷兰学者胡伊青加说，一切游戏都是一种自愿的活动。儿童在游戏中体验着自由、追求着自由，儿童的游戏中充溢着、奔涌着的是自由精神。游戏中的儿童更是愉悦创造的，游戏中的儿童，具有积极、主动、真实、创造的学习状态，游戏是儿童获得新的经验和新的成长的基本活动方式。

在实践中，老师意识到，儿童的游戏是一扇窗户，打开这扇窗户，老师才有机会看见孩子的真实世界。如果在游戏中老师看清楚孩子的发展，就知道自己应该做什么。因此，放手儿童的游戏，其实就是老师理解儿童、支持儿童、发展儿童的过程。

教师要站在儿童立场，放手儿童的游戏。这种“放手”，尊重幼儿的权益，以幼儿为主体，充分调动和发挥幼儿的主动性。这种“放手”，不断发现幼儿的游戏愿望，不断提供多元游戏资源，支持幼儿自主、开放地享受游戏。放手让儿童去游戏，是尊重儿童、相信儿童，让他们在游戏中自主地体验和探索，发现自我的力量，享受学习和成长的快乐。放手让儿童去游戏，是一种最大的支持，是和孩子共同寻找与创造儿童游戏的价值。

我们的问题和建议

问题一 幼儿游戏时，如何做到“放手”而不“放任”呢？

幼儿是游戏的主人，幼儿在游戏中充分发挥着积极性、主动性和创造性。教师要给予幼儿充分的自由自主空间，不限制游戏的主题形式，不拘束幼儿的游戏行为。

面对自由自主的游戏，教师是否就应该放任不管，无所作为呢？我们认为，教师在幼儿游戏时是不可缺席的，应当成为幼儿游戏的参与者和观察者。教师的专业介入和适时指导，可以更好地支持幼儿自主地开展游戏。所以说，“放手”游戏，而不是“放任”游戏。一方面，教师要充分尊重和信任幼儿，放手让幼儿游戏；另一方面，需要追随幼儿，有效地观察幼儿行为，主动地在幼儿游戏行为中找到能够读懂幼儿的细节和密码，找到支持、帮助幼儿发展的关键点。

一、欣赏和顺应：呵护幼儿游戏的兴趣

美国华盛顿儿童博物馆的格言：我听见，我忘记了；我看见，我记住了；我做过，我理解了。教师要顺应幼儿的兴趣，给幼儿提供多种可能性，促进幼儿自主游戏。首先，为幼儿创设自主选择的游戏环境，包括充裕的游戏时间、安全的游戏空间、可以自主选择的游戏材料、可以自己掌控的游戏内容，幼儿在选择、操作的过程中，体验游戏的乐趣，感受成长的力量。其次，以宽容之心对待幼儿。幼儿的幼稚、可笑的行为背后，蕴藏着成长和发展的力量。教师要以包容的心态，理解他们，鼓励他们，相信他们，这样幼儿的潜能才可被充分地激发。

二、观察和倾听：发现幼儿游戏的精彩

我们知道，并不是所有的游戏都是对幼儿有益的，只有那些高水平的、充满挑战的游戏才对幼儿的发展有帮助。幼儿的游戏可以分为三种：混乱失控的游戏、简单重复的游戏、有目的能够让幼儿聚精会神的游戏。教师需要帮助幼儿，将混乱失控、简单重复的游戏，变成内容丰富、富有意义的游戏。这种帮助，不是单纯地阻止或者打断幼儿游戏，而是及时地为幼儿提供游戏支持。比如，教师可以提供可促进创造和想象的材料，提出有趣的问题或者幼儿容易接受的建议。在幼儿游戏时，教师要善于观察和倾听，安静地站在一旁观看和倾听。这样可以非常好地了解幼儿游戏的质量，也会带给幼儿安全感。教师再根据自己的观察，一步步地满足幼儿的需要，发现游戏的精彩，助推游戏的持续进行。

三、对话和引导：鼓励幼儿游戏不断深入

幼儿不仅需要游戏时间、游戏材料、游戏经历，还需要有价值的对话。有价值的对话，可以有效助推游戏的开展。如任务具有较大难度时，教师应给予幼儿鼓励，并提出更复杂的问题引导幼儿去挑战，等等。

当发现幼儿在游戏中遇到问题，需要教师的引导或帮助时，教师可以在适当的时候采取适宜的方式介入幼儿的游戏。建议采取观望策略，等待事态变化，静观幼儿的应对，使幼儿的言行充分展现，从而发现幼儿的最近发展区。当幼儿表现出冒险或挑战行为，教师可以靠近并关注幼儿，在保证能及时予以保护的前提下，给予幼儿自主评估与调整的机会；当有幼儿主动发问时，教师不直接告诉他答案，而是引导他探究；当幼儿之间产生游戏纠纷时，教师应鼓励幼儿之间自主协商。

放手儿童的游戏，对教师提出了更高的专业要求。在游戏中，教师应和幼儿一起感受、体验和发现。教师应该是观察者，发现幼儿的行为表现；教师应该是记录者，捕捉幼儿的精彩瞬间；教师应该是共情者，感受幼儿的情感体验；教师应该是支持者，促进幼儿更好地成长。

问题二 投放的游戏材料，幼儿不感兴趣怎么办？

《幼儿园保育教育质量评估指南》指出：提供丰富的、适宜的游戏材料，支持幼儿游戏。给幼儿提供的游戏材料，不仅要丰富，更要适宜。因此，需要思考这样几个问题：材料支持幼儿游戏吗？能满足不同幼儿的需求吗？是否可以使游戏内容变得更丰富和更具有吸引力？

一、游戏材料丰富多样

1. 总量充裕

游戏是自主的，幼儿可以自由地选择和更换材料。如果想让游戏具有吸引力，需要确保有足够的材料，以保证幼儿有充分选择的权利。为了避免因分享材料而发生矛盾，材料总量应该为幼儿人数的 1.5 倍，甚至更多。

2. 类别多样

不同的游戏材料特性会引发幼儿不同的游戏行为，若投放的游戏材料过于单一，会让游戏失去吸引力，难以激发幼儿参与游戏的兴趣和热情。教师要提供多样的材料，丰富幼儿的游戏体验，满足幼儿多样的需求。当然，游戏材料并不是越多越好，过多或者过于复杂，也容易影响幼儿游戏的专注力。

二、投放时机开放多元

1. 开放性投放

俄国教育家乌申斯基提出：最好的玩具材料是那些他们能够随意用各种方式加以变更的玩具。因此，教师应增加幼儿喜欢的低结构游戏材料，放在幼儿看得见、拿得到的地方。同时定期更换新材料，为游戏创造新的机会，引发幼儿的游戏兴趣和持续探索。

开放性投放，是将多种低结构材料投放于游戏区域，不预设材料的目标和结果，不讲解材料的特性，也不规定材料的玩法，而让幼儿在自己的情境中尽情想象，畅所欲“玩”。

2. 动态性投放

幼儿的游戏过程是动态的，对游戏材料的需求也是动态的。游戏中幼儿所遇到的问题、实际需求通常和教师的预期有一点出入。教师应观察幼儿的游戏情况，了解幼儿的实际需求，根据具体情况及时对游戏材料进行调整、更新、增减，从而保证游戏材料的动态性投放。

3. 差异性投放

每名幼儿都是独特的个体，游戏材料投放，应根据幼儿的经验水平、兴趣需求差异性进行。如：为“棋类大王”设置棋区角，为“金牌点心师”提供烹饪的工具，为心灵手巧的“绣娘”布置小小绣花区……

当幼儿兴趣发生变化时，不仅应当支持幼儿有意义的学习，让其经验向更深处延展，还应当添加新的问题情境，启发幼儿不断地探索和思考。通过适时追问“还可以怎么玩?”鼓励幼儿将独立的材料组合在一起，探索更多玩法。

问题三 如何让游戏计划变得更有意义？

在游戏开始前做好计划，可以让幼儿的游戏更加有计划性和条理性，帮助幼儿记录和思考。做游戏计划的目的，就是在幼儿开始游戏前，让其对接下来的游戏进行想象和规划，思考自己“玩什么”“怎么玩”等问题，支持幼儿带着一定的想法，积极地投入游戏中。与此同时，让幼儿做计划的过程也可以帮助教师了解幼儿进行游戏的意图，为后续游戏中教师的个性化支持打下基础。如何让游戏计划变得更有意义呢？

一、游戏化：营造轻松、愉悦的氛围

很多教师在和幼儿做计划时，往往陷入“拷问”的误区。幼儿想第一时间去游戏和玩耍，而教师还在要求做对幼儿来讲“无用”的计划，久而久之，幼儿会对做所谓的计划产生压力进而抗拒。教师需要明确一点，不要让幼儿把游戏计划当作一项必须完成的任务，教师可以把计划环节当作游戏的一部分，要让幼儿在这个环节中轻松、愉快地体验，自由、充分地表达。

引入小游戏，营造鼓励的氛围，提供不同种类的纸张和记录工具，可以让计划环节变得轻松有趣。计划环节有趣了，幼儿也就更愿意参与进来，计划也就能制订得更加清楚和详细。同时，游戏计划还能帮助幼儿熟悉游戏材料，提升幼儿的游戏水平。

二、多样化：丰富幼儿的游戏

幼儿的游戏计划，一般是幼儿用绘画、符号表征方式在纸上做记录。这种计划是多样的，可以是场地设计图、人员分工图、材料准备图等。通过记录自己的计划，可以帮助幼儿明确自己的游戏意图。

当然，不是每次计划都需要在纸上“画”下来，过分地依赖“画”计划的方式，会压缩幼儿的游戏时间。而且，这也容易让一些记录水平较低的幼儿产生挫败感。不同年龄段及同年龄段不同幼儿的发展是各异的，并不是所有幼儿“画”的能力都能支撑他们完整地记录。

所以，需要根据幼儿游戏的性质、水平、年龄特点来制订不同的游戏计划，不能用单一的方式来要求幼儿。有时候，比起让幼儿“画”计划，教师和幼儿聊计划的方式其实更能让幼儿明晰自己的游戏意图和细节，在一来一往的问答中，让幼儿愈发清楚自己的游戏想法。当幼儿达到一定的发展水平，且自己选择用画的方式把计划制订出来时，教师可以给予鼓励和支持。

换言之，无论哪种做计划的方式，一定要出于帮助幼儿明确游戏意图的目的，基于幼儿自己的意愿，真正从幼儿的发展需求出发。

三、小组化：考虑幼儿的分组合作

做计划还有一个关键性的作用，就是帮助教师了解班级幼儿的游戏意图，为教师后续的观察提供支持。但现实情况是班级幼儿多，教师少，教师难以在短时间内了解每名幼儿的游戏想法。针对这种情况，教师可以分小组带幼儿做计划。

（1）时间灵活。

游戏前做计划是最好的，幼儿做完计划就直接开展游戏。如果时间不允许，教师也可以利用晨会、午餐后或者吃点心的时间和幼儿一起做计划。

（2）地点固定。

一段时间内，每个小组尽量在同一地点做计划，幼儿逐渐对做计划的地点有了熟悉感，就会熟悉和适应做计划，就会更加愿意投入。

（3）成员合作。

幼儿是合作开展游戏的。游戏计划，需要大家的协商和妥协。通常情况下，一名幼儿会充当游戏的领导，主导游戏计划的制订。这名幼儿一般具有较为丰富的游戏经验、较强的语言表达能力或果断的个性，其他幼儿往往会认可这个幼儿的想法。游戏计划的实施，考验着幼儿的执行力、想象力、解决问题的能力。

四、开放化：推动游戏深入地开展

计划不是固定不变的，而是随着游戏的进展和幼儿的新想法不断更新的。教师可以通过开放式的提问和幼儿进行聊天，在互动中帮助幼儿逐渐明晰自己的游戏计划。做计划时和游戏中，教师提的开放式问题包括做什么、怎么做、为什么做，以下问题可供教师参考：

（1）你打算怎么做？你有什么想法？

（2）你打算和谁一起玩？玩什么主题的游戏？

（3）第一步可以先做什么，再做什么，最后做什么？

（4）如果遇到……问题，你准备怎么解决呢？

（5）这么好的办法，怎样补充记录在游戏计划里呢？

从游戏计划到游戏开展，增强了幼儿在游戏中的自主性和计划性。游戏计划既是支持幼儿游戏深入和丰富的手段，也是教师个性化观察和支持幼儿的重要方式。

问题四 游戏后，如何和幼儿一起开展游戏分享活动？

在游戏过程中，幼儿热情投入，积极探索，获得了新经验，学习了新技能。游戏结束后，幼儿需要有充足的时间尽情地交流与展示。游戏后的分享交流环节，正好能够满足幼儿的需要。但实际上游戏分享常常变成了教师的点评，失去了游戏分享的真正意义。那么，如何和幼儿一起开展高质量的游戏分享活动呢？

一、以幼儿为主体，鼓励幼儿大胆表达

许多教师在组织游戏分享活动时，虽然知道游戏的主体是幼儿，游戏分享的内容要让幼儿决定，但在实际的分享过程中，教师常常会基于达成游戏目标等原因，不知不觉地掌控整个分享过程，没有真正体现以幼儿为主体。

幼儿在游戏中通过观察有了自己的发现，就会非常渴望与他人交流和分享。幼儿分享的方式也是多种多样的，有的喜欢用图画展示，有的喜欢用语言描述，有的喜欢结合自己的思考来提出问题，此时幼儿正在学习如何将自己的已有经验与新的经验建立联系。但有时幼儿也会天马行空，提出一些让教师“头疼”的问题，此时教师切忌用自己的思维方式要求幼儿展开讨论，而应为幼儿创设宽松的氛围，热情地邀请他们交流，真诚地接受他们的想法，不断地鼓励他们提出问题，让幼儿乐于分享。

在游戏交流和分享时，如果幼儿得出的结论有所偏差，教师不要立刻否定他们的结论或是直接给出正确的答案，否则会破坏分享环节中宽松的氛围，导致幼儿不敢大胆地交流与分享，阻碍幼儿自信心的建立及下一步的探究与思考。教师应提出自己对这个结论的疑惑，引发幼儿深入探究，从而把游戏分享的环节变成幼儿展示自我的时刻。

二、聚焦分享内容，发展幼儿解决问题的能力

游戏分享是一个动态的过程，它不仅关注游戏本身，还关注幼儿的变化。如果游戏分享就像流水账一样，幼儿讲一下，教师点评一下，教师点评得没有价值和新意，就会导致两个后果：一是幼儿失去倾听的兴趣；二是幼儿的游戏能力没有得到提升，更不要说游戏的延伸和拓展了。因此，教师应当改变传统的评价方式，积极倾听幼儿在游戏中的想法，观察幼儿在游戏中

的行为，发现值得讨论的问题，发展幼儿的创造性思维和问题解决能力。

1. 寻找问题的焦点

教师在分享过程中应注重挖掘值得幼儿探讨和思考的话题，特别是要找出问题的焦点让幼儿讨论，如“搭建桥面要做好哪些准备工作?”“在搭建过程中，你们遇到了什么困难？是怎么解决的?”在这个过程中，幼儿可能不会想得面面俱到，但这些问题能够为他们提供表达和思考的空间，让他们在不同的观点中碰撞思维，产生新的想法，得出新的结论，从而增强自信心，提高思维能力。另外，不同年龄段的幼儿，游戏的侧重点是不一样的：小班注重观察和感受，中大班则培养解决问题的能力。

2. 注重游戏的过程

有效的游戏分享很重要，能够促进幼儿的发展，提高教学的质量。从表面上看，很多教师似乎都能尊重幼儿的主体地位，让他们在分享中畅所欲言，并加以肯定；但这种分享往往过于表面化，只关注游戏结果，而不关注游戏过程。教师需要关注幼儿在游戏过程中的情感态度等。

3. 关注付出的努力

幼儿在游戏中会遇到各种困难，但他们愿意自己去寻找解决问题的方法，这种主动性是非常珍贵的学习品质。教师在选择分享内容时，应主动关注幼儿付出的努力，而不是最终的结果。当幼儿受自身经验或能力所限而失败时，教师更应该鼓励他们，培养他们坚持不懈的品质。

4. 尊重个体的差异

在进行游戏分享时，一些表达能力强的幼儿会抢着表达自己的观点，并得到大家的肯定，而一些表达能力较弱的幼儿就容易被忽视。教师在分享活动中就需要更有针对性，对不同的幼儿采取不同的引导方式，真正促进全体幼儿的发展。

三、优化分享策略，拓展幼儿的游戏经验

幼儿带着好奇心与求知欲游戏，在观察、互动中获得新的体验，培养思维能力和解决问题的能力。如果教师总是在分享时干预幼儿的讨论，急于提出解决方案，就会剥夺幼儿自主发现和学习的机会。因此，教师在分享策略上要采用合适的方法，让幼儿进行有效的分享。

1. 巧用问题

幼儿探究知识是在“生疑—质疑—释疑”的过程中进行的，当幼儿在游

戏分享环节中把问题提出来时，教师要适时地后退一步，把这个问题抛回给幼儿，让幼儿寻找问题本质和解决之道，从而激发幼儿的潜能，培养幼儿解决问题的能力。

2. 适时点拨

教师退后一步并不意味着放任不管，而是用更多的时间去观察幼儿的探究行为，教师可以在一旁顺势引导。例如，当幼儿的思路受限时，教师用几个小小的问题开拓一下他们的思路，这样不但能保护幼儿学习的积极性，而且能为幼儿提供进一步探究的新思路。

3. 多元互动

在分享过程中，教师首先要有多元的分享形式，如师幼、幼幼、小组、个别等，同时，在分享过程中不能简单地用好与不好来评价幼儿的活动，而要善于用多种方式进行分享、交流，既还原游戏过程，又丰富幼儿体验。同时，可以将分享拓展到一日活动的各个环节，给予幼儿更多的时间与空间。

总之，在游戏分享的过程中，教师应以幼儿为主体，尊重和鼓励幼儿交流与表达，启发幼儿独立思考与探究，并能对分享活动起到引领、支持和提升的关键作用。

我们的案例

案例一 我是小小造桥师

晨间活动时，几个幼儿围着立交桥的图片讨论，他们开始尝试搭建立交桥……

第一次搭建

阳阳说："搭什么样的立交桥呢？"

诺诺说："反正要搭一座高、一座低的桥，两座桥交错着。"

丁丁说："哪座桥高？哪座桥低？"

幼儿边讨论边将自己的想法画成了设计图。

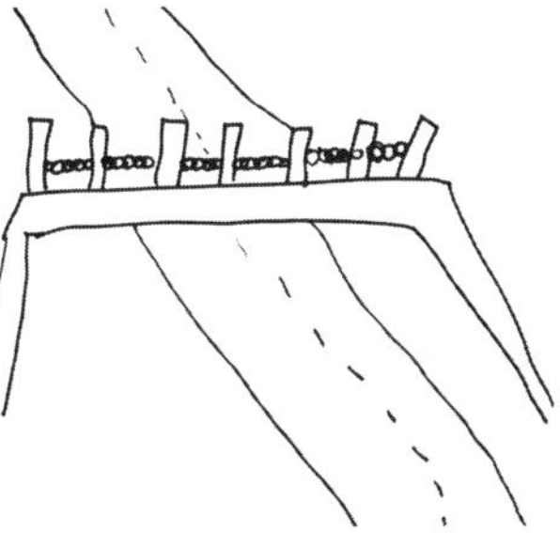

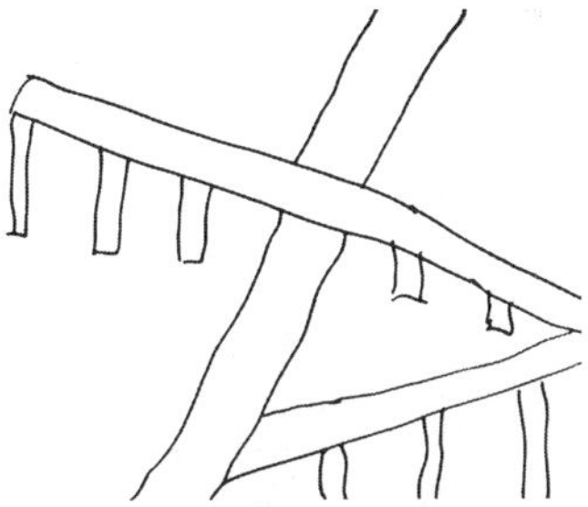

初次搭建，幼儿并没有按照设计图进行建构，这符合幼儿的年龄特征。一是幼儿更习惯边思考边搭建；二是设计图操作性不强，幼儿无法将其与实际建构材料联系起来；三是设计具有局限性。在游戏后的分享环节，大家开展了关于设计图的讨论：设计的图要征得大家的同意。如果第一次设计得不理想，可以在搭建过程中调整。

第二次搭建

游戏前，教师提供了不同的立交桥视频，幼儿将其和第一次的设计图进行对比后，展开了讨论：如何让立交桥转弯和进行桥面连接？

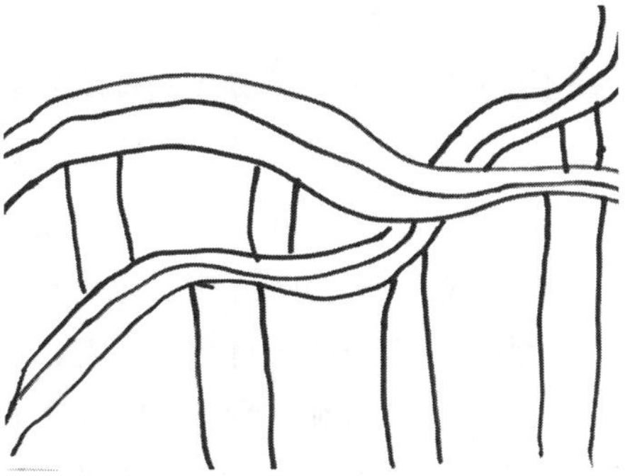

阳阳说：“刚才看的那个视频里有一座弯弯的环形桥，好酷！”

诺诺说：“但是这个怎么画呀？好难！”

丁丁说：“你就从这里画，穿过这座桥。”

文博说：“我不敢画。”

达达说：“我来画，我来画。”

第二次的设计图与第一次的设计图相比，有了很大的改观，开始有了双车道等。

困难一：缺圆柱体积木怎么办？

几个男孩跑去运材料，结果没有圆柱体积木了。他们又回到场地跟另外两个男生说："我们要的圆柱体积木都没有了，怎么办？"他们向教师求助："老师，怎么办？圆柱体积木不够了。""你们想想办法，看看还有什么其他的材料可以替代。"教师回答说。

当幼儿发现积木不够用时，教师先观察幼儿是否需要提供帮助，当幼儿请求帮助时再给予提示，引导幼儿寻找可替代的材料。

困难二：桥面延伸受阻怎么办？

游戏中，两个男孩子商量着："你们看设计图，这里应该用弯弯的积木。""对啊！"他们两个边说边把直直的积木拆掉。

最后，他们用弯弯的积木使桥面得以延伸开来。

幼儿通过观看视频、图片，加深对立交桥的认识，增加建构立交桥的难度。在活动中，教师能够看到幼儿积极主动地出主意、想办法，同时也能因地制宜地选择合适的替代材料，从这些点滴中可以看到他们的进步。

第三次搭建

阳阳说："我们设计什么样的立交桥？"

诺诺说："我觉得外面的桥方方的，还可以环绕起来。"

丁丁说："那中间我们可以搭花坛！"

蓝蓝说："桥的两边我们也要安装路灯。"

老师说："用什么材料去搭呢？场地上能搬得动的东西都可以用来搭。"

阳阳说："路灯，我想用旺仔牛奶瓶。"

诺诺说："那花坛我们要不就用积木吧？"

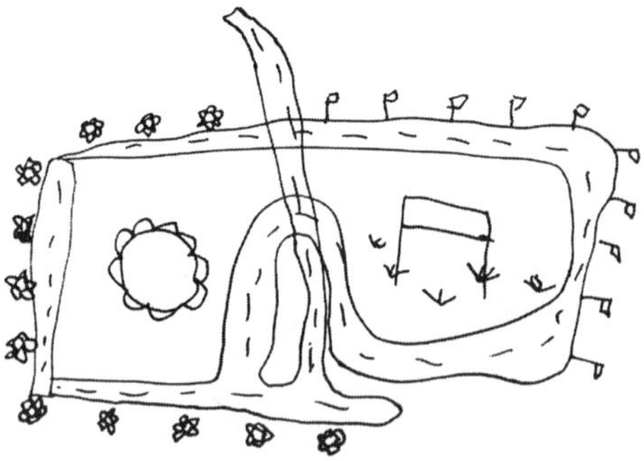

几组小朋友搭建得很快，大家接受了几个小伙伴的建议，一起合作把各组搭建的立交桥全部连接起来，搭成了一座更大的立交桥。蓝蓝拉着教师去欣赏他们的立交桥。教师边拍照边说："你们搭的立交桥真壮观，太棒了！"

在系列的立交桥建构游戏中，教师及时转变角色，成为倾听者、观察者，更成为幼儿在游戏中的合作者，在宽松的游戏环境、丰富的建构材料、有效的师幼互动中，实现了幼儿与立交桥的"立体"交汇。

（吴中区石湖实验幼儿园　沈于兰）

案例二　沙子大搬家

幼儿园需要一个属于幼儿的泥池，这个泥池的改建，教师决定放手让幼儿一起来参与，会发生哪些故事呢？

一、确定泥池地址

幼儿听说需要一个泥池，迫不及待地开始了探索：泥池该选在哪儿呢？"有泥的地方？""百耕园？"幼儿通过观察、比较，推荐幼儿园较适合玩泥的地方。经过实地考察，幼儿决定把幼儿园南面三个沙池中最小的沙池改造成泥池。

二、选择搬沙工具

确定好泥池的地址后，要给沙子搬家了，需要哪些工具呢？幼儿提出来可以用铲子铲沙，用桶装沙子，用小推车搬运。幼儿共同合作，一起搜罗了许多工具，有玩沙的铲子、装玩具的大箱子、小铁桶等。工具搜集好后，幼儿跃跃欲试。

教师引导幼儿对收集好的工具进行记录，并对工具进行筛选。教师提前在语言区投放工程类绘本，如《了不起的挖掘机》《妙趣科学·建筑工地》等，以扩充幼儿对生活中常用的搬运工具的认识。

三、初次运沙

拎着桶，拿着铲，幼儿开始了第一次尝试。他们将小铁桶一点点填满，装满一桶后，还用铲子用力往下按压，再装一点。推小推车的幼儿不敢走太快，小心翼翼地控制着把手，猫着身子，缓缓前行。中途沙子散落了下来，但幼儿并没有气馁，而是蹲下来，将散落在地上的沙子一把一把抓进小推车里。回到教室后，大家都意犹未尽，一同分享第一次长距离运沙的感受。

文博："我的小推车老是倒着走，我推的时候感觉很紧张。"

达达："我觉得运沙很有趣，我的小推车都没有侧翻过。"

然然："快到沙池了，我的沙子散落在地上，我用手把沙子抓进小推车里。"

在整个运沙过程中，幼儿不怕困难，勇于挑战。遇到突发状况，幼儿也能独立思考和解决问题。

四、比比看谁运得多

一段时间下来，大部分幼儿能够熟练地运沙了，他们开始比谁运的沙子多。"我今天都运了三车了！""我运了两车！""我比你运得多。"

怎样比谁运得多呢？首先要知道自己运了多少。大家经过讨论，决定用一个圆圈代表一桶沙，一个勾代表一车沙，记录在自己的学号旁边，这样每名幼儿就能知道自己运了多少。

师生一起设计了记录表，每次活动结束他们都会迫不及待地看一看、比一比。在这一过程中幼儿获得了有关数、形、量、时间和空间的感性经验，逐步形成了一些初级的数学概念，能够认识10以内的数字，理解数字的含义，会用数字表示物体的数量，知道自己相应的运沙量。

五、发现问题

在运沙的过程中，幼儿发现了不少问题。第一，用小铁桶装沙，一次运不了多少，来来回回，费时、费力。第二，沙池边上的台阶很高，需要抬起小推车的车头才能把沙倒下去，一不小心，小推车很容易侧翻。

通过几次活动，幼儿能够逐渐发现各种之前没有想到的问题，并将这些问题反馈出来，与同伴、教师交流和讨论，积极寻求解决的方法。

六、寻找解决问题的办法

1. 用自行车运沙

拎小铁桶一趟趟运沙，既费力又费时。幼儿发现可以用骑行的自行车来运沙。刚开始，彤彤提议把小铁桶挂在自行车龙头左边和右边的把手上。但是，在骑车时，膝盖很容易碰翻小铁桶。还有的幼儿在到达终点下车的时候，也容易把小铁桶弄翻。

小语尝试把小铁桶放在自行车后面的踏板上运沙，小铁桶从自行车上掉了下来，沙子撒了一地。怎样将沙子安全运到终点呢？幼儿开始商量，一个人带着沙子不好骑自行车，小铁桶又不容易固定，于是两名幼儿一起合作，一个做运输的小司机，另一个负责稳住装着沙子的小铁桶。如果两人按着一个方向坐，前面的小朋友一刹车，后面的小朋友身子就会往前倾，沙桶也会翻倒。所以，中途他们下车调整，背对着坐，将小铁桶放在踏板上，双手抓住桶柄，这样就可以稳稳地将沙子运到终点了。

2. 造斜坡

路牙太高，怎么办呢？诚诚说："我们可以利用斜坡运输，我爷爷的电动车就是从斜坡上推下来的。"心心说："那我们来造一个斜坡吧。"

幼儿在资源室里找到了一块闲置的长木板，小立和诚诚把长木板架在路牙上，但是长木板有厚度，翘起来的一端高于路牙。诚诚提议在下面垫东西。于是，他和小立一起找了两块砖块。诚诚在路上并排摆放了两块砖块，但发现它们一高一低。于是，他又从小立手里拿了另一块砖块放在边上试一试，发现有两块砖块的高度是一样的，于是他就把另一块高的拿掉了。他们把长木板铺上去，发现高度仍不够，决定再放一块砖块试试看。诚诚拿了边上的两块砖块比对了一下，发现厚度一样，就把它们放了上去。幸运的是， 当他们再次放上长木板的时

候，长木板上端正好与路牙齐平了。斜坡造好了，幼儿纷纷拿小推车尝试，小推车很快通过了斜坡，这下就再也不用怕小推车在路牙这里侧翻了！皓皓还说小班的弟弟、妹妹们也可以从这里走，这样他们就不会摔跤了。于是，为了让小朋友们更方便、更安全地通过，幼儿对斜坡进行了优化，将原来又窄又长的木板换成了一块长度和宽度更适合的木板，这样也不会影响到路上的幼儿。

3. 寻求他人的帮助

沙子太多运不完，幼儿想到求助他人。幼儿首先就想到了大班的哥哥姐姐们，他们个子高，力气大，一定愿意帮助自己！于是，幼儿精心绘制了邀请函，向哥哥姐姐们求助。在大班的哥哥姐姐的帮助下，运沙的速度提高了。除此之外，幼儿还邀请了保洁奶奶，她们经验丰富，不仅带来了大推车，还有大的铁桶、铲子、编织袋等工具，让幼儿大开眼界。

搬运沙子，幼儿尝试不同的运沙方法，从个人单干到与同伴合作，从用小铁桶和推车到用自行车……幼儿根据出现的问题不断调整策略，找到最适合且省力的方法。他们不断探索和尝试，在发现同伴遇到困难时热心帮助。碰到路牙高这一难题，他们将生活中的经验迁移到活动中来。在整个过程中，教师与幼儿一起讨论并得出解决问题的方法。

同时，幼儿在遇到困难的时候，懂得寻求他人的帮助，在获得他人助力的同时，也能够感恩他人，并尊重他人的劳动成果。

七、一共运了多少沙

经过两个多月的时间，幼儿终于将沙子搬了家，望着空空的池子，再想想之前有那么多沙子，“我们到底运了多少沙子呢?”小丽问。彤彤提议：“我们可以用尺子量一量啊！教室里就有卷尺。”

幼儿从教室搜寻到卷尺和铅笔，两个小伙伴合作，由一名幼儿拉住卷尺一端并放置底部，另一名幼儿直直地将尺子拉起来，然后用笔做个记号，数字是 55。“原来我们的沙池有 55 厘米深呢，把里面的沙子挖出来可真不容易呀!”

除了可以测量沙池的深度，是否可以估算运走的沙子的重量呢？园长后来把泥池的高度、直径等信息告诉了专业人士，按照沙子的密度计算，约有7.6吨。幼儿虽然对这个7.6吨没有概念，但一听说大概有一大卡车那么多，他们都欢呼了起来，充满了成功的喜悦。

一点点的搬运、一次次的坚持，沙子终于运完了！但这只是我们“泥池大改造”活动的一个开端，我们的活动仍在进行……

（吴中区胥口中心幼儿园　沙红星　戴怡青　黄佳薇）

案例三　由小鸭子引发的讨论会

一、在对话中讲述自己的发现

在“可爱的动物”主题活动中，幼儿的谈话总是离不开小动物。在“呱呱农场”中，幼儿被小鸭子呆萌、可爱的模样所吸引，你一言我一语地讨论起来。

赡通：“小鸭子好可爱，走起路来一摇一摆的。”

思煜：“我知道它们还会游泳呢!”

两位幼儿的讨论立马引起了其他幼儿的兴趣，他们纷纷参与了进来。

淏文：“我知道小鸭子喜欢吃米饭。”

图图：“不对，不对，小鸭子喜欢吃青菜。”

在游戏中，幼儿分享着自己对小鸭子的已有认知。回到班级后，我们召开了一场儿童会议，围绕“我了解的小鸭子”展开了讨论。

儿童会议

关键问题	幼儿思考
1.小鸭子喜欢吃什么? 2.小鸭子喜欢生活在什么地方? 3.小鸭子为什么会浮在水面上? 4.这些小鸭子叫什么名字?	晨昱:“小鸭子喜欢吃青菜、米饭。” 泽泽:“我觉得小鸭子应该喜欢吃河里面的小鱼、小虾。” 何悦:“小鸭子最喜欢生活在水面上。” 新妤:“可是小鸭子是在自己的房子里面睡觉的。” 熙雅:“我觉得就叫小鸭子‘鸭鸭’吧!” 陆双:“三只鸭子要有三个不同的名字。” …………

一场儿童会议一下子激起了幼儿对小鸭子的探究兴趣。在分享交流中，有些幼儿还提出给三只小鸭子取不同的名字，大家也纷纷表达了自己的观点。

光泽：“那只白色的鸭子跑得快，就叫‘快快’吧。”

守言：“那只羽毛的颜色跟香蕉的颜色一样的鸭子，就叫‘香蕉’!”

堂荥：“那只彩色的鸭子可以叫‘彩彩’……”

二、在互动中合作解决问题

第二天，幼儿突发奇想，想让小鸭子们走出鸭舍，和他们一起散步、晒太阳。可是当一群幼儿涌进鸭舍时，鸭子们立刻进入了警备状态，尽管幼儿大喊“快出来玩啦!”，但鸭子们一点也不为之所动。

第一次尝试：围堵计。幼儿商量着围堵一个入口，让小鸭子们“无路可退”，可是小鸭子即使被“逼”到角落，还是不肯出去。

在分享环节，幼儿主动向教师提出困惑：“老师，鸭子总是不出来，怎么办呀?”教师反问道：“为什么它们不出来？你们能不能想出其他的好办法呢?”于是，幼儿围坐在一起，从“为什么”到“怎么做”，他们开始重新审视自己的行为，分析原因，并讨论应对策略。在餐后散步时，幼儿还在不断分享自己的办法。

第二次尝试：引诱计。第三天，幼儿一进入农场就决定采用最受大家认可的引诱计。可是小鸭子们东奔西窜，完全不为美食所动。

前两次的尝试失败让幼儿大受打击，他们一个个愣在原地，迟迟没有再行动。教师慢慢走近他们，轻声询问：“遇到什么困难了吗?”幼儿嘟着小嘴巴摇摇头，表示没有成功将鸭子赶出来。教师安慰道：“我也好想快点儿把鸭子赶出来呀！你们还有其他备选办法吗?”幼儿互相提醒，讨论起之前的赶鸭计划并准备尝试其他方法。

第三次尝试：空城计。很快幼儿决定开始第三次的行动。这一次，幼儿躲到了离鸭舍几米远的大树后，静静地等待小鸭子的出现。三只可爱的小鸭子就这样大摇大摆地从敞开的大门走了出来，幼儿也高兴得手舞足蹈起来，差点儿又吓走胆小的小鸭子。

可是，当小鸭子走出鸭舍后，又出现了新的问题。有名幼儿大喊道："完啦，鸭子要吃菜地的菜！"幼儿纷纷用提前准备好的水管、渔网、树枝等，开始驱赶正在吃菜的小鸭子。小鸭子受到了惊吓，到处跑。幼儿召开了紧急会议，纷纷表达自己的看法。

双双："小鸭子怎么这么害怕我们？"

启恺："我们拿的工具吓到小鸭子了！"

兮兮："我们喊得太大声，小鸭子要被吓死了！"

希韵："那我们用手赶吧！"

最终，幼儿决定采用"小手轻赶法"，他们跟在小鸭子身后用手轻轻赶着鸭子。这时的小鸭子好像消除了恐慌情绪，在幼儿身边优哉游哉地散起了步。此时，幼儿都沉浸在成功的喜悦中，对于他们在游戏中的思考与探索，教师也感到很惊喜。

三、在分享中走向深度学习

本以为赶鸭子的游戏就这样完美落幕了，不过在游戏分享中幼儿又一次给我们带来了惊喜。回到教室后，幼儿拿着日记本记录起他们在游戏中的感受，教师发现思煜和淏文的日记本上记录着两种截然相反的游戏体验。

针对这种情况，教师和幼儿展开了一场讨论会，教师首先开启话题：“今天大家觉得赶鸭子活动怎么样?”孩子们立马表达了自己的想法，很快他们分成了两大阵营。

赶鸭子的感受

下次我还玩！		下次我不想去赶鸭子了！
子骞：“小鸭子太可爱了，我感觉赶鸭子特别好玩!” 圆圆：“小鸭子飞起来的时候，我感觉特别惊喜，原来鸭子真的会飞！” 熙雅：“我喜欢和好朋友一起赶鸭子，和好朋友一起玩很开心。” 希韵：“我们想了很多种方法，最后终于把鸭子赶出来了，我觉得特别骄傲。” 图图：“我喜欢小鸭子，我下次还想让它们出来，我要摸摸它们。”	VS	昱昱：“我觉得赶鸭子太累了，它们跑来跑去的，我不太想玩了。” 启恺：“我也觉得，我今天流了很多的汗，鸭子怎么都不听我的！” 荥荥：“小鸭子今天要被吓死了，我们不能这样吓鸭子，它们会害怕的。” 予甯：“小鸭子肯定觉得在鸭舍里更好玩，我们非要把它们赶出来，它们会不开心的。”

教师惊奇地发现幼儿在分享中能有自己的思考（如“小鸭会害怕”“小鸭子也不开心”等充满温度的思考）。于是，教师进行了追问：“你们觉得我们需要做些什么才能让小鸭们开心?”这时，有的幼儿说：“让它们在鸭舍里待着，不去打扰它们!”另外一名幼儿反驳道：“小鸭子在路上走来走去，很自由啊！”当幼儿在分享中产生分歧后，教师提出了疑惑：“小鸭子更喜欢待在哪里呢?”幼儿各抒己见，为此教师还组织幼儿开展了一场小小的辩论赛。

辩论赛

<table>
<tr><th colspan="3">鸭子更喜欢待在哪里呢？</th></tr>
<tr><th>正方：出来玩</th><th rowspan="2">VS</th><th>反方：待在鸭舍里</th></tr>
<tr><td>珮卿："我们每天给它们喂食物，它们肯定喜欢和我们待在一起。"
赡通："马路那么宽，它们想走哪里走哪里，它们肯定喜欢出来玩。"
启恺："鸭舍那么小，待在里面多无聊。"
盼兮："小鸭子在外面也能和好朋友自由自在地玩耍，它们还能吃菜，多开心呀！"</td><td>光泽："小鸭子更喜欢待在自己家里，就像我们喜欢待在自己家里，多温暖呀！"
图图："在鸭舍里可以自由地走来走去，吃东西！所以我们为什么一定要把它们赶出来呢？"
越越："鸭子肯定是喜欢和自己的好朋友待在一起的，我们去赶它们，它们只会感到害怕。"
双双："我觉得它们喜欢待在哪里我们就应该让它们待在哪里，这样它们才会开心，而且我们不应该去吓它们。"</td></tr>
</table>

从那之后，农场里鸭舍的门经常开着，在保证菜地不被“袭击”的前提下，小鸭子真正实现了属于它们的自由。

一次次的分享与探讨，让教师和幼儿之间有了充分沟通交流的机会。

幼儿在对话与反思中实现了自我成长，教师也在倾听与支持中重审对话视角，也许这就是游戏分享的魅力吧！

（吴中区石湖实验幼儿园　吴云）

案例四　彩色电影上线啦！

有一天，幼儿围绕绘本《小鼠波波去电影院》议论起来。“电影可好看了！”“电影院的屏幕超级大，比电视机的屏幕大多了！”“要是在幼儿园也可以看电影，那该多好呀！”

幼儿很想看电影，在幼儿园里如何播放电影呢？有的幼儿说：“可以直接用教室里的电视机点播。”有的幼儿说：“我们可以用平板电脑来播放吗？我在家里就是这样播放的。”还有的幼儿问：“幼儿园能建一个电影院吗？”也有的幼儿问：“放电影需要很多东西，这些东西从哪里来呢？”于是我们以问题解决为导向，开展了一系列的活动。

探索一：播放电影需要什么？电影院建在哪里？

通过填写调查问卷表和集体讨论的方式，幼儿进一步了解播放电影的条件，从而寻找适合的替代物来建造电影院。

幼儿首先找到一块适合投影的白墙来代替电影院里的屏幕。但是尝试后，幼儿发现走廊太窄了，去看电影的人没地方站，所以不适合。幼儿园的楼梯两侧有白墙，可是在楼梯上投影太危险了，所以也不适合。空的教室有白墙，墙面很大，比较适合。但是白墙前放了很多不用的桌子、椅子等，投影容易被遮住，而且也影响看电影的效果。于是，他们将这些东西搬到白墙旁边，把白墙的前面全部空了出来。俊俊说："电影院还有很多座位，我们还要排好座位，这样才像电影院。"于是，大家齐心协力将椅子搬到了面朝白墙的方向，作为观影席。这下每张小脸都露出了笑容。

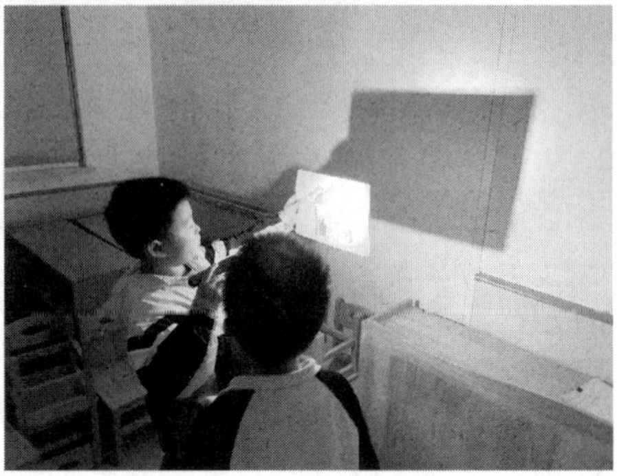

在选址的过程中，幼儿通过尝试考虑到了安全、观赏的方位及设施的完善问题。他们考虑到了他人的感受，同时也懂得了变通的重要性，能够关注到周边不同的场景，并有效利用，思考问题时也能考虑得比较全面、周到。

探索二：剧本从哪里来?

通过追问播放电影还需要什么，引发幼儿创编剧本的思考。

播放电影的选址是有了，可是播放什么电影呢?"我想看《三只小猪》电影。""我想看《西游记》电影!"……孩子们争先恐后地说着。那么，到底放什么电影呢?"你们别吵了，我们得有电影胶片才能放电影啊!""对啊！可是我们要在胶片上画什么故事呢?"接着，几名幼儿讨论起来："我觉得我们可以在班级里征集故事，谁的故事画得好就用谁的!""有道理，我们还可以发放电影征集单、制作电影征集海报，向其他班级的小朋友征集电影剧本。"接着，项目组的几名幼儿便行动起来，开始在班级和年级里征集剧本。最终，他们用投票的形式征集到了三个剧本：《三只小猪》续编、《我的幼儿园生活》和《小羊的幼儿园生活》。

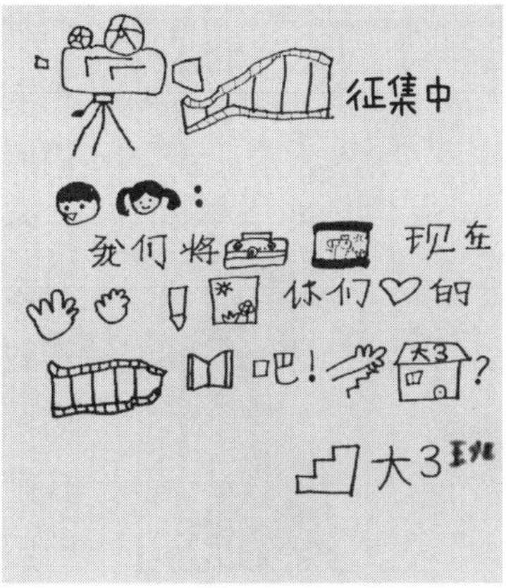

在协商的过程中，幼儿能够大胆地提出自己的建议，愿意迁移经验，尝试用多种渠道来解决问题。同时，幼儿愿意听取大部分人的意见，能够尊重他人，学会与他人沟通是他们在成长过程中的必备能力。从他们创编的故事中不难发现，幼儿具有一双敏锐的眼睛，善于捕捉生活中的细节。

探索三：用什么样的材料来做电影胶片？

家园配合收集可以投影的玩具，比如星空灯、投影仪、手电筒等。通过观察实物、动手拆装的方式，幼儿可以了解胶片的特点：摸起来硬硬的，看起来有透明的地方。这也为幼儿寻找对应的替代材料提供了帮助。

幼儿找到了文件夹、塑料袋、塑封纸、保鲜袋、保鲜膜、宽胶带等。那么，哪种材料更适合做电影胶片呢？项目组的幼儿开始分组进行尝试。文件夹组的幼儿将小猪画在文件夹上后用手电筒尝试照射，可是图像不够清晰，

而且中间有个方形的袋子也会投影出来，不太适合。塑料袋组的幼儿发现，用手电筒照射塑料袋后投影图像比较清晰，但有一条封口的竖线，而且完全没有图案的塑料袋比较难找。“老师，我们的这个可以！”塑封纸组的幼儿兴奋地喊道。他们用手电筒照射塑封纸上的图案，发现图像清晰，且画面稳定。而保鲜袋组的幼儿也用手电筒照射，完全照射不出图像。“我们这个太麻烦了，要把保鲜膜拉得特别直，不然就会晃来晃去的！”保鲜膜组的幼儿说道。宽胶带组的幼儿，则由于宽胶带粘贴在桌子上，画完画之后很难撕下来，因此，他们没有尝试照射。最后，幼儿通过探究选定塑封纸作为电影胶片材料。

通过实验比较，幼儿感受到了相似物质的不同投影效果，同时也感受到了不同的光源在相同物质上会产生不同的效果。通过此次探究，幼儿了解到了投影画面的大小、明暗、清晰度等是由光源离物体的距离、光束的大小、方向、被照物体的大小等因素决定的，幼儿对光影关系产生了强烈的探究欲望，激发了积极猜想与验证的意愿。

探索四：怎么让投影画面变成彩色的？

幼儿播放的电影和电影院播放的电影有什么不同？经过比较，幼儿发现电影院的电影是彩色的，是可以连续播放的。基于幼儿的新发现，教师整合碎片化信息，汇总出了新的问题：如何放映彩色的电影？用关键性问题拓展幼儿思维，让幼儿积极主动探索。

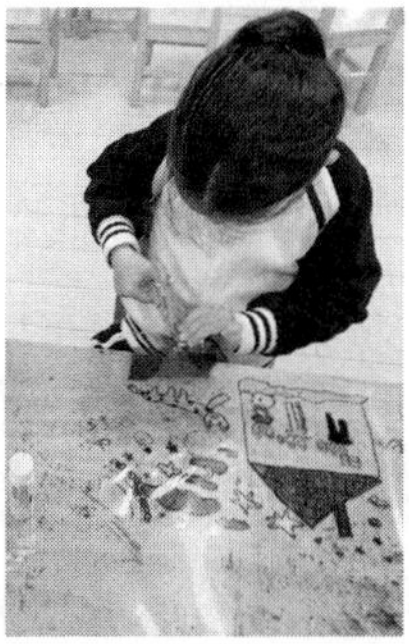

幼儿找到了能够让电影变成彩色的材料：马克笔、蜡笔、颜料、彩色玻璃纸。小花：“我用马克笔在塑封纸上涂了颜色，虽然能够照射出彩色的画面，但涂在用勾线笔画好的塑封纸上，勾线笔会糊掉，画面变得脏脏的。这样我们的电影就脏了，不行！”睿睿：“我用了蜡笔涂，根本涂不上去。”沐沐：“我用了颜料，涂上去之后照射出来的是黑影。”恬恬：“我成功了！我用彩色玻璃纸，能够清晰地照射出五颜六色的画面！”“那我们用彩色玻璃纸来制作彩色电影吧！”最后，幼儿达成了共识。

幼儿最终利用彩色玻璃纸对应原有画面，以勾画、剪贴的方式完成了彩色底片的制作。因为工作量大，所以需要极大的耐心和细心。由于画面的完成需要分工合作，因此，幼儿的合作能力也有了大幅度的提高。

探索五：如何让电影的放映画面上不出现手影？

“老师，为什么我们放电影的时候画

面上一直有手影啊？有没有什么办法能解决手影的问题呢？”幼儿你一言我一语提出了建议：“把手伸得更出去点。”“手电筒只照射胶片。”“把胶片靠在白墙上。”“用东西固定住胶片。”……接着，他们便尝试探究起来。“把手伸得更出去点、手电筒只照射胶片都还是会出现手影。我把胶片靠在白墙上，就没有手影了，但是电影的画面也没有了。”小花说道。“那你这个方法有什么用？电影也看不了了。”孩子们哈哈大笑起来。“你们看！我成功了！”安琪激动地叫起来，“我用积木架住胶片，就没有手影了！”幼儿决定用积木架住胶片播放电影。

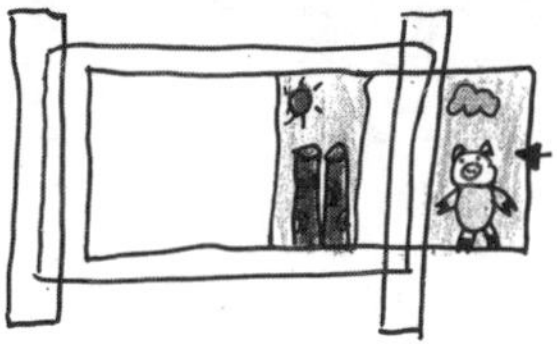

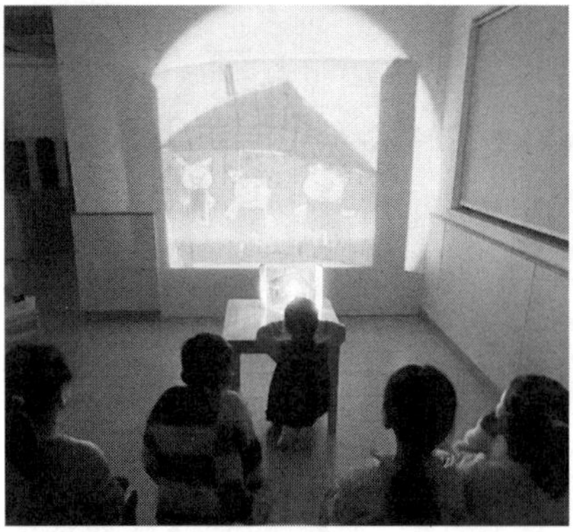

在提出问题的过程中，幼儿的观察能力提升了，能自主发现画面以外的细节。在解决问题的过程中，幼儿不再拘泥于光照的距离和角度，而是能够想到借助外部器材来改善画面的播放效果，其思维更开阔了。

探索六：如何播放连续的电影？

彬彬说：“我们这样放电影太慢了，胶片要撕下来重新贴，再撕下来，看电影总不能断断续续，一直等吧！”辰辰说：“我们想想办法能不能让电影连续播放。”沐沐说：“可以像恬恬的投影手电筒一样，把胶片插进去，拔出来，就快了。”睿睿说：“我们可以试用一下老师的透明文件袋。”

幼儿先将透明文件袋两边用积木架住，再将胶片放进去，投影完毕后拿出胶片，并换上新的胶片。可是胶片放入透明文件袋后，投影的画面变得十分模糊。沐沐猜测道：“可能和保鲜袋一样，两层透明膜太厚了。”睿睿说：“我们在中间挖一个方形的洞，这样中间就只有塑封纸一层了。”教师帮助幼儿在文件袋中间剪了一个洞，这样投影的画面不仅清晰，而且还可以更换胶片。但新的问题又出现了：从透明文件袋上面的口取放胶片不仅会挡住观众的视线，还会照出我们的影子。小花说：“那我们可以从文件袋的侧面放入胶片，这样就不会挡住观众的视线了。”想到办法后，幼儿在透明文件袋的侧面剪出开口，将上面的开口封上，从透明文件袋的侧面取放胶片。再次尝试放映后，幼儿开心地说道：“这次终于能够清晰投影了，而且不会挡住观众看电影！我们的彩色电影终于成功放映了！”

在不同的阶段，教师有不同的身份——合作者、倾听者、观察者、引导者、物质提供者、新经验嫁接者等。教师和幼儿一起共建、丰富计划，进一步满足幼儿探究的需要。教师的预见是有限的，幼儿的发现是无限的。

（吴中区吴中实验幼儿园　王艳　密嘉倩）

古代人没有汽车，怎么运石头造桥？

第二章 支持儿童的学习

儿童有一百种语言，一百只手，一百种思想，一百种思维方式、游戏方式、说话方式。

——洛利斯 · 马拉古奇

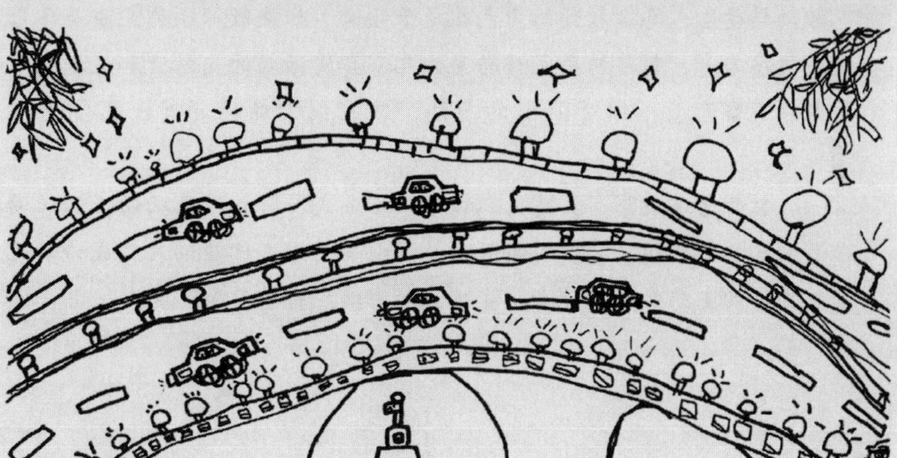

引言

儿童的学习和发展，需要得到各种支持。老师的一个微笑、一次鼓励，都能激发儿童的无限可能。

苏霍姆林斯基说："儿童是富有探索精神的探索者，是世界的发现者。"如果孩子的求知欲没有得到唤醒，好奇心没有得到保护，就会逐渐失去。《幼儿园保育教育质量评估指南》指出，幼儿园教师应保持积极乐观的心态，以亲切和蔼、支持性的态度和行为与幼儿互动，激发幼儿对周围世界的兴趣，鼓励他们提问，帮助他们探寻问题的答案。

具有支持性态度的师幼互动对推进儿童的学习至关重要。教师与幼儿每天有大量的互动：有的互动自然产生，慢慢深入；有的互动有意引导，目的明确；有的互动寥寥数语……没有什么比停下来倾听和积极回应幼儿更重要。师幼互动是一个双向学习、双向建构的过程，互动是否有效，取决于教师能否将儿童看作学习者。如果儿童被看作教师观点的被动接受者，那么教师的角色就是干预者。如果教师认为儿童是学习的积极参与者，教师的角色就转变为儿童自发活动的支持者和促进者。教师在观察儿童、倾听他们的想法、回应他们的问题时，就会更了解他们。

教师通过观察、共建、积极倾听等方式，将关注点从幼儿的活动转移到幼儿的思维，与幼儿同频，并用适当的方式回应幼儿，成为幼儿自发活动的支持者和促进者，支持和助力幼儿的学习和发展。

我们的问题和建议

问题一 游戏中，教师如何识别介入时机？

游戏中，教师常常为自己是否需要介入而陷入两难境地。一方面，教师担心自己错失介入时机，未能有效推进游戏深入；另一方面，又害怕过早介入，干扰幼儿的游戏。

华爱华教授指出：如果你的介入是通过观察，顺应幼儿游戏意愿的前提下支持并推进了幼儿游戏的发展，就是“正效介入”；如果你的介入干扰了幼儿的正常游戏，将教师的意图强加给幼儿，不从幼儿的角度来思考，就是“负效”介入。幼儿有其独特的游戏方式和游戏逻辑，教师需要留给幼儿探索的空间和时间。教师应让幼儿成为游戏的主人，尽可能减少不必要的介入，更不可过度介入、影响和替代幼儿游戏。在游戏中，教师要多观察、识别幼儿，减少干扰，寻找契机，适时介入。

1. 当幼儿主动寻求帮助时，渐进介入

在游戏中，只要幼儿仍在用不同的方法尝试解决问题，教师就没有必要介入。如果幼儿主动寻求教师的支持，教师就需要循循善诱地引导他们渐进思考自己碰到的问题，并逐步提供材料、语言支持等鼓励幼儿继续进行游戏。

2. 当游戏开展停滞时，间接介入

当游戏开展停滞时，教师可以以多种方式加入游戏，也可以直接说：“看起来你们遇到了一些麻烦，你们能告诉我吗？也许我可以帮上你们的忙。”

3. 当有特殊情况发生时，直接介入

在游戏中，幼儿出现呼喊、攻击等状况时，教师应立即给予回应，给幼儿创造安全的游戏环境。

问题二 教师如何成为幼儿学习的支持者？

教师应成为幼儿学习活动的支持者、合作者、引导者，但在具体教育教学实践中，教师常常感到困惑。在教学生活中，幼儿经历着什么、思考着什么、对什么感兴趣、需要怎样的支持和引导，掌握这些对每一位教师来说，是非常大的挑战。

教师是幼儿成长中的重要他人，教师需要对活动有一定的预判和预设，同时善于观察，及时了解幼儿的兴趣和需要。

1. 把握节奏，顺势而为

教师要把握好互动的节奏，尤其是放慢指导节奏，以适应幼儿的活动节奏，这样的指导往往能起到支持幼儿游戏的作用。

在本书的很多案例中，教师放慢了脚步，当幼儿在游戏中出现问题而无法独立解决时再自然介入，介入后也不是急于给出解决的方案，而是提出有价值的问题，为幼儿搭建起认知的桥梁，让幼儿自己解决问题。当幼儿在教师的支持下解决了这一个问题时，新的问题又会出现，教师不能急于一次性全部解决，而应耐心地给予幼儿广阔的空间和充足的尝试时间，通过提供多样的材料与环境支撑，支持幼儿不断地形成新的经验。

2. 提出驱动型问题，多元支持

教师回应幼儿的能力决定幼儿能从游戏中获得多少关键经验。教师需要尽力启发和激励幼儿探索解决问题的方法，这样幼儿就会有动力去发现，从中获取经验和知识，为进一步的探究和游戏的不断深入做铺垫。在幼儿寻求问题答案的过程中，教师的材料支持、经验支持、空间和时间支持等多元支持，要紧跟幼儿的需求，让幼儿保持探究的兴趣。

3. 梳理聚焦，联结经验

在活动中，教师要注意帮助幼儿联系新旧知识。善于从幼儿的表现、图像表征中捕捉到有价值的信息，并进行整合和概括，鼓励幼儿通过操作实践、语言描述等多元方式和大家分享学习，通过有效的提问帮助幼儿总结学习经验，促进同伴之间相互交流和学习。

① 教师可以通过清单式、网络图的方式呈现幼儿的话语及关键词。

② 教师可以用活动中的照片、录像分享幼儿的经验。

③ 教师可以通过角色扮演游戏来帮助幼儿加深对相关主题活动的认识。

④ 教师可以呈现活动中幼儿的表征内容来帮助幼儿概括相关知识。

问题三 如何让冲突事件转化为教育契机?

幼儿在游戏中经常出现冲突，从而引发告状行为。产生这一现象的主要原因是幼儿的语言表达能力、社会交往能力、问题解决能力不足，造成与同伴之间的矛盾、争吵。

小班的幼儿多以自我为中心，常因争夺、独占玩具而告状。中班幼儿在思考问题时总是从自己的感觉出发，不善于站在别人的立场想问题，而认知能力不足，又使他们解决冲突的能力受限，因此，幼儿往往通过告状来寻求他人的帮助，中班幼儿告状行为尤其频繁。大班的孩子判断力、合作能力、交往协商能力已经有很大提升，因此，告状行为会明显减少。面对幼儿之间的冲突所引发的告状行为，教师要关注过程，循序渐进，步步引导，使冲突事件转化为教育契机。

1. 倾听告状，弄清事实

当幼儿来找教师告状时，教师首先要稳定幼儿的情绪，鼓励幼儿把事情的起因、经过、结果，甚至幼儿的委屈、不满都清楚地讲述出来。在讲述过程中，教师可以通过眼神、点头等给予积极的回应。陈述让幼儿的心理得到平衡，情绪得到缓解，也有助于幼儿回顾事件和教师弄清事实。

2. 引导争论，聚焦问题

弄清事实后，教师引导幼儿讲明自己的观点和阐述自己的理由，教师要抓住问题，适时进行提问，鼓励幼儿进行争论。在此过程中，幼儿会重新思考自己的做法，也有可能逐渐学会站在他人的立场重新审视自己在冲突事件中的行为。

3. 引导评论，寻找方法

一些幼儿在争论的过程中能够独立想到解决的办法，但是大部分幼儿还是需要教师的引导，这时教师不妨把问题抛给全班同学，让大家参与讨论，形成学习共同体。大家一起讨论：为什么会出现这种情况？怎么处理？哪些行为是合适的呢？通过对事件中幼儿的语言、动作等进行分析，从而为解决问题寻找方法。

4. 梳理方法，达成共识

幼儿评论后，教师帮助梳理、提炼解决问题的方法，同时针对没有被解决的问题，还要引导幼儿进行再思考，最后达成共识。教师要让幼儿明白一些做人做事的道理，学会处理事情的方法，如协商、合作等。

教师在启发幼儿自己解决问题的同时，更要引导幼儿辨别哪些事情可以自行处理，哪些事情需要第一时间告诉大人，如有人受伤、伤害他人等事关安全的大事、急事。

5. 循序渐进，培养自律

告状行为与幼儿的规则意识息息相关，有的幼儿甚至会认为规则是“律他”而非“律己”，所以从小班就开始循序渐进、因势利导，充分理解学习的累积效应，教师以平等的身份、智慧的引导去帮助幼儿形成、完善、内化规则，从“他律”逐步走向“自律”。

问题四 如何对待幼儿的“偏区现象”？

幼儿园的区域游戏是开放自由的，满足不同幼儿的发展需要。幼儿自主学习、自由选择、自我探索，但在区域游戏中，也容易出现“偏区现象”。所谓“偏区现象”，是指幼儿在区域活动中只倾向于选择某一特定区域或对某些区域表现出过度偏好，而较少或几乎不参与其他区域活动的现象。

“偏区现象”，虽说只存在于少数幼儿中，却也是一个不容忽视的现象。在日常区域活动中，导致幼儿“偏区”的因素主要有以下一些：幼儿的兴趣爱好、教师的引导方式、区域的环境、投放的材料等。教师要善于分析，找出幼儿“偏区”的原因，并采取相应对策，从根本上改善幼儿的“偏区现象”。

1. 把握兴趣，拟定合适区域

在创设活动区的时候应该充分考虑幼儿认知、情感、语言、动作技能等的全面发展。创设角色扮演区、音乐区、美工区、建构区等特色各异的区域，同时考虑本班幼儿的年龄特点和兴趣爱好，灵活调整区域的类型和规模。

2. 基于经验，投放适宜材料

幼儿的经验建构是呈螺旋式递进的，因此，教师提供的材料支持也应该随着幼儿的关键经验不断变化。一方面，教师投放的活动材料应是幼儿熟悉和会玩的。如果幼儿对材料根本不熟悉，就会产生畏难情绪，担心玩不好而转向其他区域。另一方面，所投放的材料应具有一定的挑战性和探索性，这样才能激发幼儿的好奇心，促使他们主动探索和参与，在自主选择的基础上避免出现“偏区现象”。

3. 师幼互动，制定活动规则

（1）幼儿自选

幼儿通过一定的方法提前选择区域。提前选择最为常见的方法是插牌法，如今天放学前选择明天游戏的区域，或者入园时选择游戏的区域，先来先选。

（2）轮流进区域

对于有任务的区域，如阅读区需要在一周内完成阅读指定图书。在幼儿还没有形成任务意识之前，教师指导幼儿通过每组轮流的方式进入区域完成指定任务，并通过相应的记录方法来记录任务的完成情况，如幼儿完成任务后可在自己的名字栏里打上钩。

（3）教师指引

针对小班能力弱的幼儿，教师需要给予相应的指导，引导幼儿尽快进入区域内。

4. 加强联动，创设区域环境

幼儿的兴趣爱好不同，导致他们在一个自己喜欢的区域内活动。教师可以通过加强各区域及家园的联动，拓展幼儿的经验。通过在不同区域内的活动，增加幼儿对不熟悉的内容学习的机会。家长也可以根据幼儿的兴趣，通过上网查询，丰富幼儿的经验。幼儿有了感性的经验，就会有创作的源泉和游戏的动力。

教师可以加强活动区的环境创设，利用丰富多彩的材料吸引幼儿到各区域活动，同时根据幼儿在各区域的活动情况及时调整活动区的类型，并更新区域内活动材料。

我们的案例

案例一　宽宽、长长的胥江

幼儿园附近有一条宽宽、长长的胥江。聊起胥江，幼儿有说不完的话："我看到河里有条大船开过，船里装着沙子。""爸爸妈妈带我去河边玩过。"考虑到幼儿的兴趣，我们计划组织一次外出活动。胥江离幼儿园有 5 分钟的路程，河边有护栏和青石路。出发前天，我们围绕"外出应该做好哪些准备?"开展了讨论，并提醒幼儿注意安全。

在一个阳光明媚的早上，我们带着画笔与纸出发啦！幼儿好奇地看着大河，不断地提问。

"这条河那么长，它会流向哪里呢?"

"这条河有名字吗?"

"河里的水能喝吗?"

"快看，那艘船好高呀!"

"这艘船怎么那么矮，河水都快流进去了。"

幼儿把自己的发现、疑惑记录了下来。

一、认识大河

围绕幼儿"这条河那么长，它会流向哪里呢?""这条河有名字吗?"等问题，我们开展了一次调查。幼儿通过回家问长辈、上网查阅资料等途径了解相关信息。调查结束后，幼儿进行了分享。

"我奶奶说这条河叫'胥江'，胥江很长很长的。"

"我看了网上的视频，说这条河是苏州的母亲河。"

"我爸爸打开了百度地图，告诉我河一头流向太湖，一头连接着大运河。"

幼儿一边讨论，一边借助网络搜寻胥江的视频。"胥江是我国现有记载的最早的一条人工运河。为什么要挖这么一条河呢? 胥江是一位叫伍子胥的将军组织军民挖的。最早是出于战争的需要而开凿的。以前，我们这里叫'吴地'，后来，慢慢地，人们发现随着胥江的出现，这里不发水灾了，当地物品的运输和河边庄稼的灌溉更便利了。”

二、胥江旁的提示牌

幼儿发现胥江旁有许多提示牌，这些不同的提示牌究竟有什么意义呢？我们给这些提示牌拍了照并将照片收集在一起，让幼儿观察、猜测设置这些提示牌的目的。

辰辰说：“胥江为我们的生活提供了便利，这个提示牌提醒我们要保护它。”

乐乐说：“去胥江边玩的人很多，这个提示牌提醒大家注意安全。”

佳佳说：“不能玩水。”

明明说：“不能游泳。”

芳芳说：“不能跨越围栏。”

欢欢说：“不能向胥江里乱丢垃圾。”

这些胥江旁的提示牌，提醒大家注意安全，不能做一些危险的事情，同时提醒我们要保护好胥江，这样胥江的水才能保持干净。

在胥江提示牌的启发下，有的幼儿联想到在班级里发生过的一些事，说道：“洗手的时候，总是有小朋友把水滴到地上，我们也能画提示图提醒大家。”“散步的时候，我看到有小朋友摘树叶玩，我也想画提示图，提醒他们不能随便破坏树木。”

三、过滤实验

胥江的水干净吗？我们到胥江边取回了一桶水。幼儿通过观察发现胥江的水不是透明的，有点黄，水里面还有一定的杂质。

教师问：“怎么样才能让胥江的水变得跟自来水一样透明呢？”

于是，我们做了一次调查。家长协助幼儿绘制了水净化的流程图。

通过幼儿的分享，幼儿对水净化的过程有了一定的了解，但是整个过程是较为复杂的，幼儿理解起来有难度。于是，我们就在科探区投放了一套简易的水过滤装置，让幼儿亲眼见证水的过滤过程。

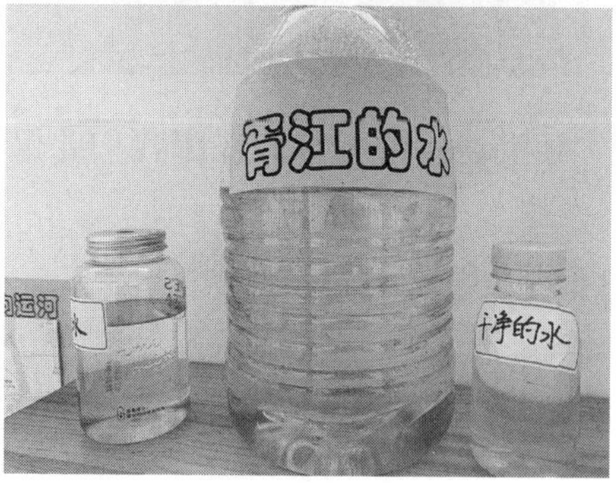

幼儿在观察水的过滤过程中发现：过滤出来的水与原来的胥江的水差别不大，稍微透明一点，里面的杂质少一些。我们把过滤好的水倒入贴有“干净的水”标签的容器里。

容器一直放置在实验区，幼儿平时也会去观察一下。过了一段时间，幼儿发现装在瓶子中的胥江水变绿了。水里面还长了许多青苔一样的东西。我们组织了集体讨论：为什么水会变绿呢？幼儿都不知道，于是大家提议上网去查一查。

原来河里的水含有一些我们无法看到的微生物，如藻类孢子。当河里的水盛放在瓶子里时，如果温度适宜，同时受到阳光照射，孢子就会在瓶壁附着并生长。随着时间的推移，瓶子里的水中长满了水藻，水就变绿了。

幼儿发现没有过滤的胥江水都变绿了，但是过滤过的“干净水”没有变绿。一开始的实验，幼儿没有看到“过滤水”和“未过滤水”两者的区别，但是通过一段时间水的变化，幼儿了解到实验装置过滤掉了我们肉眼无法看到的微生物。

四、小船载物实验

幼儿依然对胥江充满了兴趣，平时聊天的话题也总会围绕胥江。

珺珺："上次我们去胥江边上，有条船好高呀！"

晨逸："对的。还有条船有点矮，水快要把船淹没了。"

老师："为什么两条船都在水里开，会不一样呢？"

乐乐："那条船（矮的）里面装了货物。"通过探究，幼儿不仅了解船只与货物种类和数量的关系，也知道如何保持船只平稳。

小船载物

	01	04
	07	031
	04	012

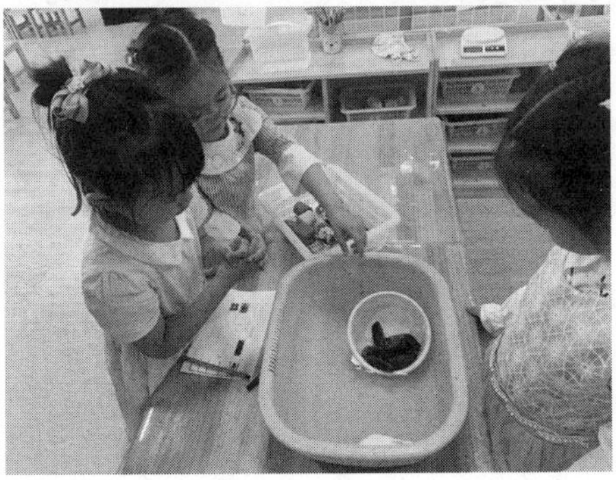

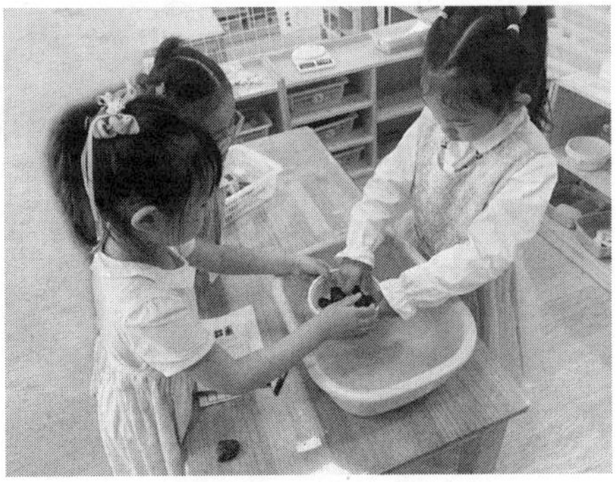

一场探究之旅，幼儿发出了一连串的疑问，我们追随幼儿的兴趣，让幼儿展开了对胥江的探索。通过这种自主探究方式，幼儿积累了解决问题的方法，在行动获得了新的经验。

（吴中区木渎实验幼儿园　张范吉）

案例二　以柚子熟了为例谈师幼互动

师幼互动对支持和推进儿童的学习至关重要，师幼互动的质量直接影响保教质量。

一、发现柚子

在秋日的一次饭后散步活动中，当走过幼儿园的一棵高大的柚子树时，贝贝尖叫起来："看看，上面有好多柚子啊！前几天，我妈妈还给我买了柚子吃呢！"几名幼儿跟着说："我妈妈也买过给我吃。"听到幼儿们的对话，我思考起来：既然孩子们说柚子可以吃，那就摘下来给孩子们尝尝。虽然这棵树上的柚子非常酸，完全不是我们平时吃的柚子，但我还是问孩子们："你们想摘下来尝一下吗？"孩子们瞬间欢呼起来。

二、难吃的柚子

我问："幼儿园里树上的柚子是什么味道的呢？"有的说："一定和妈妈买的味道差不多。"有的说："我们要摘大的、颜色黄的，那样的比较好吃，绿的、小的一定不好吃。"幼儿根据自己原有的经验纷纷表达自己的观点。于是，我们一起挑了最大的、黄黄的柚子，大的、绿的柚子，中等的、黄黄的柚子，以及小的、黄黄的柚子，然后闻一闻、剥一剥、尝一尝。幼儿发现每一种都极酸、难以下咽，直呼："太难吃了，和我妈妈买的柚子根本不是一个味道！"于是，我抛出问题："你们确定这是柚子吗？"有的孩子说："肯定是柚子，不过是不能吃的柚子。"听了幼儿的回答，教师让幼儿回家问问爸爸妈妈或者一起上网调查一下。

经过调查，我们惊奇地发现这棵树的名称应该叫香泡树，苏州这一带并没有真正的柚子树。

三、智摘香泡

幼儿对香泡树产生了浓厚的兴趣，纷纷表示想自己去摘香泡，可是香泡树那么高，如何摘取呢？幼儿纷纷支招，有的说爬上去摘，有的说用棒敲下来，有的说摇树摇下来，有的说用钩子钩下来……幼儿纷纷把自己的想法写在调查表上。其中一名幼儿觉得

爷爷奶奶在春天带他摘香椿的工具可以用来摘香泡。我与幼儿一起收集材料，准备摘香泡的各种工具，让幼儿思考哪种方式最方便、最安全，然后带着幼儿一起去验证方法的可行性。

很多幼儿认为爬梯子是最简便的方式，但真正去尝试时发现不是这样的，中班的幼儿站上梯子，身体的稳定性就会变差，还要伸手去摘，对幼儿来说难度太大。如果用棒敲打，不仅眼睛要瞄准，还需要幼儿具备极强的体力和耐力。虽然最后能成功敲下，但费时费力。于是，我们选择用钩子钩，但为了幼儿的安全，我们选了带有弯角的扫帚柄。幼儿发现只要齐心合力，就能很快摘下香泡。为了验证另一名幼儿的方法，我特意找来了镰刀，与幼儿一起制作类似摘香椿的工具，幼儿发现只需一个人使用这种工具就能快速摘下香泡。

四、智取香泡

在摘香泡的过程中，幼儿发现摘下的香泡总是掉在香泡树的树丛里，拿出来有点麻烦。我引导幼儿思考："怎样才能顺利地拿到摘下后的香泡呢?"幼儿各抒己见，有的认为摘的时候，一个人用工具摘，另一个人用网兜套住就可以了。还有的说："可以在树丛上摊一块大大的布，摘桂花就是这样摘的……"

于是，我们找来了幼儿园的现有材料（布、垫子、网兜等）一一尝试。在尝试中，幼儿发现布太软，容易被香泡砸下去，摊起来有点麻烦；垫子相对比较硬，可以像滑滑梯一样滑下来，就是垫子需要大一点；网兜可以，但需要两人齐心合作才能完成。

幼儿在多次的尝试与操作中，发现了布与垫子在取香泡过程中的不同效果，认识到不同的事物具有不同的性质，打破了他们的原有经验，使他们拥有了重新思考的机会。

有效的师幼互动一定是支持和拓展幼儿学习的。教师应当从幼儿需要出发，助力幼儿全方面能力的培养与发展。

（吴中区藏书实验幼儿园　邹琴）

案例三　好玩的钻爬游戏

师幼互动被视为教育过程的核心，高质量的师幼互动为建立新型的师幼关系提供了可能。

一、记录幼儿游戏的想法

今天幼儿想玩钻爬游戏。小米说："我想和州州一起搭一个休息区，因为运动太累了，所以我们想搭一个适合女孩子休息的地方。"

金宇说："我想有更多的赛道，每条赛道都是不一样的。不一样才好玩!"

晨晨说："哎呀，这些都太简单了，我想玩一个很难很难的，我还要去攀岩呢!"

超超说："我想把梯子搭在轮胎桥上！这样还不用排队。"

幼儿的想法很多。教师提醒："我们可以画一张地图，把玩法都画下来，给钻爬区设置很多路线，用轮胎桥、蓝色垫子、红色垫子、竹梯子设置障碍，一定会很好玩的!"幼儿一听，瞬间被吸引了。地图迷宫、寻宝游戏都是幼儿感兴趣的，现在与运动结合起来，他们觉得肯定好玩。接下来，大家分工合作，挑选合适的游戏材料。幼儿发现生活中的很多材料都可以作为游戏的材料，如椅子、桌子、长板凳、纸箱等，最后幼儿采用了投票的形式，准备以单一游戏材料重复排列和多种游戏材料组合排列的方式，将这些材料用于钻爬游戏中。

二、解决游戏中的问题

幼儿自主选择赛道，分成三大组，每一组准备好需要的材料，然后开始搭建。幼儿激动不已，搬运材料也比平时快多了。新的赛道很快就搭建完成了，已经有一部分幼儿进入场地开始钻爬。

“我们还没搭好呢，怎么办?”超超挠挠头说：“怎么才能让后面的小朋友知道这一段赛道还没有搭建完成呢?”超超看了一眼远处，然后跑了过去。回来的时候，他的手里拿了一面小旗，他说：“我可以在修理的地方放上一面小旗，有小旗的地方表示还没修建好，正在施工中。怎么样?”教师立马给超超竖起了大拇指。小旗用得很巧妙，下次小朋友看到小旗，就可以绕道走了。

教师与儿童之间良好的关系会促进幼儿的自主性和社会性的发展；在互动中，教师要率先调整自己来适应幼儿，与幼儿同频，信任、尊重幼儿，与幼儿合作，和幼儿一起解决问题，与幼儿一起欢笑。

（吴中区东山实验幼儿园　朱奕）

案例四　我们的菜园小路

这几天阴雨绵绵，种植园里的小白菜一个个冒出了绿绿的脑袋，幼儿开心极了，时不时地去看看这些可爱的绿苗苗，可是这时也产生了一系列的小问题。

问题一：怎样让我们的鞋子不沾泥呢？

幼儿喜欢踏进种植园里细看小白菜，每次走进菜园，泥泞的小沟让幼儿的鞋上、裤腿上都沾满了泥土。

贝贝说："我带一双雨鞋来。"

吴一李说："我们把塑料袋套在脚上就可以啦！"

彬彬说："我叫我的爷爷来浇一条水泥路。"

开心说："我们用砖头铺一条路。"

幼儿经过多次讨论，觉得铺一条小路这个方法最实用。

《幼儿园保育教育质量评估指南》指出，善于发现各种偶发的契机，能抓住活动中幼儿感兴趣或有意义的问题和情境，给予幼儿有效的支持，促进师幼互动。"菜园铺路"这个话题来源于幼儿的生活，是幼儿感兴趣的话题，幼儿在活动过程中发现问题，并通过师生互动、生生互动及适时到场解决问题，从而获得成功的喜悦，激发出更强的自主探究的欲望，并在活动中获取知识和经验，体验发现与探究的乐趣。

问题二：真的需要这么多砖头吗？

小路铺好了，幼儿很高兴，但有些幼儿悄悄说："不是这样的！我的爷爷奶奶铺路没有用这么多的砖头。"有的说："似乎也不需要这么多砖头。"于是，幼儿进行了讨论：真的需要这么多砖头吗？

小杰说："需要这么多砖头，这样才踩得稳。"

吴宇航说："不需要的。我爷爷奶奶家里的地不是都铺满砖头的。"

许浩天说："不要都铺满，要是铺满了，沟里的草就没地方长了。"

幼儿通过观看科普视频得出了结论：沟渠的作用很大，可以让雨水流到沟渠里，避免植物的根被雨水泡烂。

针对是否需要这么多砖头，幼儿自由探索，教师尊重并回应幼儿，通过开放式提问、推测、讨论等方式，支持幼儿的学习。在整个探究过程中，教师与幼儿建立了联系，教师倾听幼儿的疑问，拓展幼儿的学习，让幼儿明白科学并不遥远，科学就在身边。

问题三：怎样铺一条大家都可以走的路呢？

砖头之间的距离多远呢？幼儿进行了讨论。

丁辰汐说："每一步放一块就可以啦！"

周子皓说："我们的脚步又不一样大，那按照谁的脚步呢？"

顾子芸说："我们的小菜园，都是我们自己浇水、锄草和捉虫的，当然按照我们自己的脚步。"

小杰说："我们用什么测量我们的脚步呢？"

幼儿发现不是所有的工具都是有刻度的，那么如何记录呢？幼儿一起讨论并决定制定记录表，这样每个人的脚步也能进行对比。

跨一步，测一测——全班齐行动！因为每个人的脚步不一样大，所以大家开始测量，你迈一步我来量，我迈一步你来量。幼儿最后得出了结论：按照韩慧颖的脚步，因为她的脚步最小（19 厘米）。

幼儿从提出测量脚步到制定记录表，再到进行测量，都在积极主动想办法。教师须打破传统的教学模式，与幼儿同频思考策略，与幼儿保持有效的互动。

问题四：砖头应该横着放还是竖着放呢？

幼儿最终决定按照 19 厘米进行测量，并一块块横着摆放砖头。砖头摆好了，幼儿开始尝试着走，每走一步，身体都摇摇晃晃的，许金曦还差点儿摔了一跤，他一边拍着胸脯一边说："好险没有掉下去。"

把砖头竖过来，一块挨着一块摆放，幼儿又开始尝试着走了。这一次，没有一名幼儿掉下来，很成功！竖着放更方便，幼儿的双脚能稳稳踩住。

在活动中，作为同频者的教师，要懂得观察，适时介入，支持幼儿多尝试，帮助幼儿一起解决生活中的问题。

我们的一条菜园小路，架起了生活与学习的桥梁。

（吴中区藏书实验幼儿园　陆晓婷）

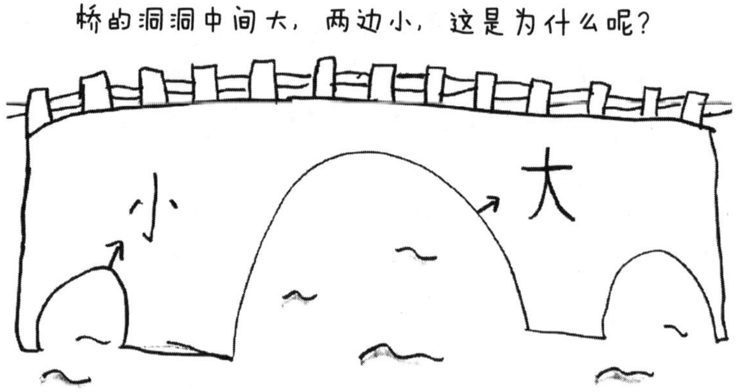
桥的洞洞中间大，两边小，这是为什么呢？
小
大

第三章 解读儿童的秘密

尊重孩子正在进行的所有合理的活动并试着了解，是我们教育方法中最首要的原则。

——蒙台梭利

引言

教师首先是一位观察者，其次才是引导者。观察和记录幼儿行为的能力是幼儿园教师必须具备的专业能力之一。观察和记录最大的魅力可能在于：当你重温自己当初记录的只言片语时，还能再一次体会到与幼儿相处的快乐，还能回想每名幼儿的表现，因而了解他们的发展状况，并给予有温度的支持。观察不应该只从技术角度去研究，还需要站在教育和课程的角度来思量。教师借助观察，从幼儿的日常生活和游戏中发现他们的兴趣与需求，了解他们的能力，推测他们成长的 100 种可能。

我们的问题和建议

问题一 通过哪些观察记录方式，可以更好地了解幼儿内心的需要和个别差异?

观察记录是幼儿园教师一项重要的日常工作。《幼儿园保育教育质量评估指南》中强调，教师应认真观察幼儿在各类活动中的行为表现并做出必要的记录，根据一段时间的持续观察，对幼儿的发展情况和需要做出客观、全面的分析，并提供有针对性的支持。意大利教育家蒙台梭利说，唯有通过观察和分析，才能真正了解儿童内心的需要和个别差异。观察记录是了解幼儿、评价幼儿、支持幼儿的重要手段。

每名幼儿都有其自身独特的发展速度，教师应关注幼儿的日常表现，及时发现和赏识每名幼儿的点滴进步。通过观察记录，可以建立起一个了解幼儿的“记忆储藏室”，帮助教师对幼儿的学习过程进行分析和反思，帮助教师更加客观地、全面地了解幼儿的发展需要。日常观察记录方式有以下几种。

1. 叙事观察

叙事观察，即教师以白描手法尽可能详细地记录幼儿在某一时间内每一个行为的情境，描述清楚发生了什么。幼儿的发展充满了不确定性，因此，教师必须保持一颗敏感的心，时刻观察和分析幼儿。在日常活动中，教师要捕捉幼儿的“哇”时刻，发现幼儿闪光点。教师需要以开放的心态面对幼儿，以积极发展的视角看待幼儿所有即将进行的活动，关注幼儿能够做什么和正在做什么，关注幼儿在哪些方面取得了成功，能够独立完成哪些事。

2. 轶事记录

轶事记录是指对幼儿言行的简短表述，这种记录要突出幼儿重要的日常行为。轶事记录者，有点像专业摄影师，只不过教师是用文字而不是用照片来捕捉幼儿的瞬间。这种记录不需要进行详细的描述，描述的焦点是情境里出现的重要或突发行为表现，并写下幼儿的姓名、日期及重要细节。

3. 持续性观察

教师要关注幼儿发展的延续性，对一名或多名幼儿进行持续性观察，围绕幼儿发展的某一方面，持续一段时间的跟踪观察。持续性观察能够将一个个单独的点串联在一起，在持续动态的观察过程中发现幼儿的“变”与“不变”，让观察更全面和更深入。

4. 数字化记录

这种记录比文字记录更加方便、快捷，教师用手机或多媒体设备，用拍照片、录音、录像的形式记录观察对象与情境。数字化记录提供了多元的记录方式，可以获得全面的、多角度的信息。数字化记录形式保留了观察行为发生的脉络，并保留了过程中的语言及非语言资料，所呈现的信息更加丰富。

5. 成长档案记录

在成长档案中，有记录幼儿的绘画、涂鸦、表征作品，还有幼儿活动的照片、录音或录像等。小班时，教师更多的是收集幼儿成长照片，记录幼儿行为表现，还原幼儿当下的状态。中班时，增加了幼儿成长故事和观察分析。大班幼儿还可以用自己的方式来表达想法和感受。成长档案系统记录了幼儿在园三年的成长过程，呈现出一个个更为立体、鲜活的幼儿。

问题二 有效的观察记录，需要老师做好哪些准备？

在开始观察记录幼儿的行为时，突如其来的大量信息，让一些教师不知所措。教师表示“要一边观察一边写下观察到的内容，实在太难了”“非常纠结观察什么，担心遗漏幼儿的一些关键行为”“当我准备好记录时，孩子的一段互动已经结束，我错过了精彩部分”“我会做观察，但不会做分析，总是一句话也写不出”。有效的观察记录，需要教师做好哪些准备呢？

1. 确定观察目的和目标

漫无目的地看，观察会失去其意义。有目的地观察，帮助教师更好地了解幼儿的表现，促使教师通过观察获得经验。在观察实施前，确定并阐明观察目的和目标非常重要，有了目标，教师就会知道需要观察什么，了解什么，完成什么。清晰的观察意图，能更好地获取幼儿行为中的信息，认识幼儿阶段性的心理特点，理解幼儿的所思所想，从而促进幼儿成长和发展。

2. 了解观察步骤

观察及描述：我看到了什么？幼儿在干什么？

价值判断：我看到的这个情景或幼儿正在做的事情对于他/她的学习和发展有什么价值？他/她可以从中获得什么经验？

行动决策：需要我干预吗？幼儿遇到问题了吗？什么问题？他/她能够自己解决吗？我应当做什么？

方法决策：如果需要，我应当怎样介入？采取什么样的方式和方法？

行动反思：我的行动是否有效？是否适宜？

3. 制订观察计划

观察需要精心组织。明确观察目标后，观察时间、观察地点的确定也很重要。幼儿在不同环境、不同的时间会有不同的表现和行为，观察需要记录下观察地点、观察日期、观察起止时间、观察者的名字、幼儿年龄和性别、观察目的等。观察时，教师一定要选择合适的位置，避免干扰或改变幼儿的行为。在实际操作时，班内教师要做好分工，确保一位教师针对个别幼儿重点观察时，另外的教师要关注其余的幼儿。

4. 准备合适的记录工具

观察前，准备好合适的记录纸，预先在记录纸上画好表格，方便有效率地记录和归纳。教师也可以随身携带一些便签或者便利贴，方便在做观察记录时，将需要特别注意的地方做标记。记录的笔，可以是不同颜色的或粗细的，用于标记重要的或需要注意的部分。随着数字化技术的发展，教师可以借助多媒体工具完成对幼儿的观察记录。观察记录的工具，除了注意是否符合观察需要外，还要考虑教师的喜好及熟悉程度。

有了以上观察方法、观察工具、观察态度的准备，每一位教师就能从容地开展观察记录了。

问题三 通过观察记录幼儿，教师能够学到什么？

幼儿园教师的日常工作繁多，为什么还需要进行观察记录儿童？有什么意义？对教师专业成长有哪些帮助？幼儿园教师专业发展的内涵，正悄悄发生着变化。《幼儿园保育教育质量评估指南》中，将“师幼互动”作为关键性指标，并在考察要点中强调“观察”的重要性。观察不仅是理解幼儿的必要途径，也是幼儿园教师必须具备的专业能力。

观察可以加深我们对幼儿发展阶段的理解。观察幼儿的基本目的，是加深对幼儿发展和需要的了解和理解。所有的幼儿都有自己的特点，要满足幼儿的个体需求，就必须认识到幼儿的差异并尊重幼儿应有的权利。

观察会促使我们集中地关注幼儿，发现他们在干什么及为什么这么做。幼儿的行为表现具有多样性和复杂性，观察可以帮助教师掌握幼儿兴趣、情感、社会交往等方面的发展情况，从而提供适合幼儿的教育活动和环境。观察过程中，教师经历了“观察—评价—决策”这几个过程，会努力发现和寻找解决问题的办法，积极寻求支持幼儿学习的策略，满足幼儿个性化和多样化需求。

观察记录，对教师提出了较高的专业要求，需要教师具有敏感、细致、理智等专业品质。《幼儿园保育教育质量评估指南》中提出了“必要记录”这一要求，鼓励教师根据自己的专业水平，采取不同的记录方式。新手教师的“必要记录”，应做到真实，要善于捕捉幼儿游戏过程中有意义的瞬间。成熟型教师的“必要记录”，在强调真实记录的同时，应带有一定的思考性、引导性和策略性。

观察记录，促使教师把视角转向幼儿，从关注自己的“教”转变为关注幼儿在生活和游戏中的表现，关注幼儿的主动学习，了解幼儿的兴趣需要、情绪情感、思维、想象和创造、优势领域及个性特点。观察和记录幼儿，有效地促进了教师的专业发展。

问题四 如何理解和落实一对一倾听？

《幼儿园保育教育评估指南》提出，教师能一对一倾听并真实记录幼儿的想法和体验。这对教师的专业素养提出了两方面的要求：一是教师须专注地倾听幼儿的想法、感受和经历，并进行记录。二是教师须理解幼儿，尊重幼儿的独特性和个体差异，为幼儿提供更有针对性的教育支持。

一对一倾听，可以广义地理解为在幼儿园一日活动中，教师以平等的心态，投入积极的情感，主动地运用多感官去接受班级每一名幼儿的语言或者非语言的表达，并在第一时间进行合理、专业的反馈。“面对三十个孩子，若深入倾听每一名幼儿，日常秩序是否会受到影响?”我们认为，一对一倾听的目的是深入了解幼儿，关键在于互动的质量而非数量。

1. 创设平等、尊重的教育氛围

教师应该创造平等、尊重的教育氛围，将自己作为幼儿成长的倾听者，以开放、接纳的心态与幼儿展开对话，挖掘潜藏的教育契机。持续对幼儿保持好奇心，以真诚的态度与他们沟通，是确保一对一倾听得以有效实施的前提和基础。

2. 制订倾听计划，融于日常活动

幼儿有一百种语言，就会有一百种表征形式，他们的绘画、动作、表情都是幼儿特有的语言，因此，教师也应有一百种倾听的方式。在日常活动中，教师要根据实际情况合理地制订倾听计划，确保与每名幼儿有单独交流的机会，让幼儿拥有充分表达自己观点和感受的机会。倾听的时间不局限在集体活动、区域游戏中，只要幼儿需要教师，倾听就可以发生，如：为幼儿整理衣裤时，抱着幼儿快乐地倾听；散步时，拉着小手悠闲地倾听；排队如厕时，轻松地倾听。倾听是一场师幼情感的双向互动，让幼儿感受到被倾听、被认可、被尊重。

3. 成为一名有情感的倾听者

倾听幼儿，为教师理解幼儿、读懂幼儿打开了一扇明亮的窗户，是教师

走进幼儿世界的一条智慧之路。一对一倾听，不是为了完成任务，而是教师尊重幼儿，敬畏幼儿，支持幼儿。“倾听”的核心在于是否注入爱和尊重。因此，幼儿园教师要成为一名有情感的倾听者。唯有此，幼儿才能真正敞开心扉表达他的本真，教师才能真正了解幼儿的成长和发展。

我们的案例

案例一 三根芦苇——日常观察记录和分析

日　期	2018 年 5 月 11 日	活动环节	晨间户外活动	观察者	钱丽婷
观察对象	小寒、瑾溪	年龄段	6 岁 7 个月 6 岁 4 个月	性　别	女
背　景	大风天气，发现上次用芦苇搭建的三脚架全部倒了，提出重新搭建，想办法让架子更稳。				
观察目标	1. 观察记录幼儿在活动中让三脚架稳固的各种办法。 2. 观察记录幼儿在搭建过程中与同伴交流合作、共同解决问题的能力。				

观察 （发生了什么？）	分析 （学习了什么？）	回应 （下一步该怎么做？）
（场景一）小寒和瑾溪拿了三根芦苇来到小坡上，瑾溪拿着芦苇往地上戳了几下说：“哎呀，这个泥土好硬啊！”小寒说：“你这个插不进去的。”她把三根芦苇用扭扭棒固定好，看到小坡上有两个轮胎，说：“轮胎很重的，应该有用。”说完，就把芦苇下端撑开往轮胎内槽里放，一旁的瑾溪也来帮忙。	（场景一）瑾溪想把芦苇插进泥土固定。小寒尝试借助轮胎卡住芦苇，让其稳固。两人都在想办法使芦苇搭的架子更稳。其中，小寒已经成为活动的发起者，并开始动手实施自己的想法。【科学子领域 1-1-2　能经常动手动脑寻找问题的答案。】【社会子领域 1-3-1　能主动发起活动或在活动中出主意、想办法。】	1. 组织幼儿进行现场分享和讨论，回顾搭建时所用的办法。请小寒和瑾溪介绍用轮胎把芦苇卡住让其稳固的做法。启发幼儿在解决问题时，可以借助别的材料作为辅助，拓展思路。 2. 请幼儿说说在搭建过程中出现的问题，帮助幼儿梳理共性的问题。 材料方面：芦苇太脆弱，容易断；芦苇太轻，风一吹就倒；等等。

续表

观察 （发生了什么？）	分析 （学习了什么？）	回应 （下一步该怎么做？）
（场景二）在塞第三根芦苇时，瑾溪试了很久都没有成功。小寒来帮忙，用力扯时架子散架了，她拿住三根芦苇，把末端先塞进了轮胎内槽，叫来瑾溪：“你快来绑好！”瑾溪捡起原来的绿色的扭扭棒，又拿了一根较长的花扭扭棒，放在手里看了看，把绿色的扭扭棒扔掉了，用花扭扭棒把芦苇捆在了一起。  （场景三）三脚架终于立起来了，小寒嘴巴鼓了起来，开始朝三脚架吹气。她看到我在一旁笑，拿起一根芦苇开始左敲一下、右敲一下，边敲边说：“应该差不多了。”眼睛还偷偷看向我，观察我的反应。 （场景四）瑾溪在一旁拿着一根木棒蹲在地上，那里正好有个泥洞，她把木棒一头插了进去，还用芦苇将木棒往泥土里敲。一旁的小寒用一根长长的布条绑在三根芦苇的交接处。	（场景二）瑾溪在搭建过程中积极配合小寒，在选择扭扭棒的时候她意识到之前的绿色的扭扭棒太短了。看到花扭扭棒，比较了一下，选了较长的花扭扭棒，捆绑后确实牢固了许多。【科学子领域 1-2-1 能通过观察、比较与分析，发现并描述不同种类物体的特征或某个事物前后的变化。】 （场景三）小寒通过判断我的表情，知道我对她的行为有疑惑，她很会察言观色。同时，她能够迅速、灵活地改变方法继续进行稳定性测试。【科学子领域 1-2-2 能用一定的方法验证自己的猜测。】 （场景四）瑾溪虽然认同了小寒的方法，在过程中也很配合，但她是一个很有主见的孩子，不想完全按照小寒的方法来解决问题，坚持尝试自己的方法。【社会子领域 1-4-2 能关注别人的情绪和需要，并能给予力所能及的帮助。】【社会子领域 1-3-5 与别人的看法不同时，敢于坚持自己的想法并说出理由。】	合作方面：与同伴合作时想法不一致，产生矛盾，配合不够默契，互相责怪对方的过错；一方太强势，总是指挥另一方做这做那。 3. 引导幼儿思考解决问题的方法。 材料方面：再次思考芦苇用来搭支架是否真的合适，是否还有比它更合适的材料；如果有，我们怎么去收集、寻找。 合作方面：今天重点观察的小寒和瑾溪属于强强联手，然而在两人能力都很强的情况下未能展现出最好的游戏水平。小寒比瑾溪更会表达自己的想法，用语言、动作来指挥她的搭档，但忽略了征询瑾溪的意见。 在活动过程中，我观察到活动后半段瑾溪不是特别积极，兴趣减退。一个原因可能是她认为三脚架倒塌与自己用力过大有关，有点自责；另一个原因是认为自己的想法在两人合作中不被重视。在同伴交往方面，后续我们会引导小寒更多地关注别人的情绪和需要，试着用商量、征询的口吻和同伴合作。引导瑾溪更加大胆地说出自己的想法，及时抓住她擅长的方面，帮助她在同伴面前建立自信心。同时和她的妈妈进行沟通：适当降低对瑾溪的要求，多与孩子谈心，倾听她内心

续表

观察 （发生了什么?）	分析 （学习了什么?）	回应 （下一步该怎么做?）
（场景五）小寒说："起风的时候，布条会飘起来，它能告诉我们风有多大。"然后，她叫瑾溪去拉红布条，自己则拿着另一根芦苇，上面有一根丝线缠绕在架子上，她对瑾溪说："你拉吧!"两个人分别向两边拉。小寒又说："你看，我们用这个可以让架子放正。"此时，瑾溪拉布条有点用力，架子一下子就散了。小寒对瑾溪说："哎呀，拉的时候不能太用力。"瑾溪赶紧把芦苇扶了起来，但试了几次还是支撑不起来，两人就各自拿了一些芦苇分开玩了。 	（场景五）小寒看到瑾溪的做法受到启发，头脑中思路清晰，会大胆表达自己的想法，指挥瑾溪和自己用布条远程控制三脚架，使三脚架稳固。还用偶然发现的缠绕丝线，作为连接物调控三脚架。小寒在两人的合作中占有绝对的主导地位，即使在游戏方法上受到瑾溪的启发，但她会通过自己的进一步加工让控制三脚架变得更加科学、合理，说明她很会利用辅助材料。控制架子的方式就如渔夫用竹竿夹网捕鱼的场景，用一种材料间接控制另一种材料，这个超出一般幼儿的水平。（【科学子领域 1-2-5 探究中能与他人合作与交流。】）	真实的想法，适时回应孩子的需要。

（吴中区胥口中心幼儿园　钱丽婷）

案例二　慢慢来，小雨你也可以

幼儿园的户外小树林中有四座不同颜色的小木屋，幼儿可以选择小木屋作为自己的“家”，在其中扮演喜欢的角色，自主开展户外角色游戏。

中班幼儿在户外角色游戏中，越来越多地呈现出交往的需求与行为。你会听到“宝宝，快回来吃饭!”“妈妈，我拿了一块蕾丝，给你当裙子!”……但你细心观察时就会发现，总会有一两名幼儿不会主动与小伙伴互动，而小伙伴也可能不会去关注他们。

一、小雨的第一次户外角色游戏

教师在第一次户外角色游戏时注意到了小雨，这个小女孩，留着一头短发。在游戏中，其他幼儿在材料归放处取用自己需要的材料，拿回了“家”。小雨拿了扫把，在原地扫了几下，然后就站在原地，低着头。有个小伙伴来取材料碰了她一下，她抬头看了一眼，没有说话。看到小伙伴搬着木桩，她放下扫把，也去搬木桩。看到有个小伙伴拿了个篮子，她放下木桩也去拿了个篮子……来来回回取材料的小伙伴很多，没有一个小伙伴主动去和她交流，只是偶尔能听到她的自言自语。教师发现在户外角色游戏中，小雨只是停留在拿取材料上，而且会受同伴的影响反复更换材料，没有与任何一个小伙伴交流，更没有走进小树林的任何一个“家”。

二、小雨的第二次户外角色游戏

在进行第二次户外角色游戏时，小雨和上次一样，跟随大家去了材料归放处。当她再次出现更换材料的行为时，教师介入了游戏，问：“小雨，这是什么呀?”“杯子!”“来看看小伙伴拿着杯子在干什么。”教师牵着她的手走出了材料归放处，并跟着前面一个孩子一起进入绿色的小木屋。两个伙伴已经把杯子摆好，准备把水壶中的水倒进杯子里。小雨看到后跑过去轻声说：“我有杯子。”其中一个男孩转头看到了她，指了指说：“你的杯子放这儿。”小雨把自己的杯子放上去，排在后面，开始和他们一起倒水。当有小伙伴提议捡落叶的时候，她又跟着一起去了。路上，被另一群捉蝴蝶的幼儿吸引，她走过去，但没跟上，就站在树底下，看几名幼儿爬树。她抓住一根树干，嘴里嘀咕着，看着小伙伴们爬上爬下……直到游戏结束。

这次游戏，虽然小雨依旧没有角色意识，缺少创造性的游戏行为，但教师的介入帮助小雨跨出了走向小伙伴的第一步。从材料归放处到小树林，小雨从关注伙伴们选取的材料到关注他们的游戏行为，也出现了与游戏行为有关的语言和模仿行为。与此同时，教师意识到要帮助小雨在游戏中与其他伙伴一起成长和发展，仅靠教师的介入是不够的。

三、小雨的第三次游戏

《3—6岁儿童学习与发展指南》指出，幼儿在与成人和同伴交往的过程中，不仅学会如何与人友好相处，也在学习如何看待自己、对待他人，以及不断适应生活的能力。在第三次游戏中，我们给予了小雨更多的支持。

第一，支持小雨主动选择“家”。在主题活动“中秋月儿圆”中，幼儿交流了“一家人吃团圆饭”的幸福场景，他们的生活经验在游戏中派上了用场。在户外角色游戏前幼儿开展了一次自主选择活动，“你们想在小树林的哪个家吃团圆饭?”小雨愉快地选择了“黄黄家”。“黄黄家”的7个小伙伴简单讨论了角色的分配。这样的选择既尊重了每个孩子，也满足了每个孩子的游戏需求，保证了班级中的每一个孩子都有“家”，避免了动作慢一点的小雨被落下。

第二，让孩子支持孩子的发展。户外的“月饼小铺”开张了，“一个家庭买几个月饼比较合适呢?”经过讨论，初步确定了新的规则：一个家里有几个人就买几个月饼，每家派一到两人去买月饼。小雨虽然没有表达自己的想法，但在集体讨论的时候，她听得很认真，还点头表示赞同。

到了“黄黄家”后，小雨跟着2个伙伴去材料处。“家”里还剩下的4个人开始讨论买几个月饼。乐乐拿起笔在纸上一画说：“我画个圈，就是一个月饼。”画好后，他对着旁边的小伙伴说：“你们也来画圈吧，每人画一个。”4名幼儿先后画好，乐乐对背着包回来的两名幼儿说：“宝宝、妈妈，你们也来画。”等他们都画好后，乐乐数了数说：“6个圈，还有谁呢?”他们四处看了看，有人说：“还有一个小雨。”很快“妈妈”找到了小雨，并牵着她的手走了回来，拿着笔对她说：“小雨，你也画一个圈吧。”小雨看了看，在纸上空白的地方画了个圈。乐乐数了数："7个，要买7个月饼。"说完，她就带着纸去买了7个月饼回来，并喊起来："来吃月饼啦！""妈妈"牵着小雨一起吃月饼，一起做游戏。

在这次游戏中，教师支持孩子们自由讨论，制定孩子们都能理解的游戏规则，同时也启发孩子们在游戏情境中主动想办法关注"家"中的每一位成员，让孩子支持孩子的发展。

连续三次的户外角色游戏结束后，小雨有了变化。最明显的表现是，她参与游戏的热情变高了，在游戏中，她心情愉悦，能主动靠近同伴、参与游戏。小雨的案例值得我们深思：首先，教师应能准确地判断游戏中孩子们的能力水平，快速识别出行动慢一点儿的幼儿；其次，教师应明确这些幼儿究竟慢在哪里；最后，教师应想方设法从幼儿的需要和水平出发，创设支持他们游戏的物质和心理环境，从而一点点支持他们，让他们也可以享受游戏的乐趣。

（吴中区东山中心幼儿园　穆小红）

案例三　我们的苏州园林

这次大班的主题活动是"我的家乡"，幼儿选择谈论苏州园林，并收集了各种各样的苏州园林图片。幼儿在建构区也开展了苏州园林的搭建活动，那么幼儿会用哪些材料、用何种方式进行表现呢？

搭建遇到的问题一：墙倒了怎么办？

小红进入建构区，指着园林的图片说："今天搭园林吧！"乐乐和小宇立马答应，三个人一边看着图片一边讨论着分工。乐乐和小红开始了搭建，小宇传递积木，乐乐选择了将薄木板横放在地上，形成了一面墙。三个人继续合作搭建，就在第二面墙快要搭建好时，小红这边的积木倒了，小宇对小红说："要小心点儿。"小红重新扶起薄木板。在搭第三面墙时，又塌了一部分，这次倒塌的范围更大，声音也很响，引起了旁边小朋友的注意。

小红说："我已经很小心了，不知道为什么积木又塌了。"

乐乐说："我们的围墙太高了，这样不稳。"

小宇说："可以换一种积木，换这种矮矮的、长长的才稳。"

搭建遇到的问题二：材料中没有想要的形状怎么办？

墙塔建好以后，里面的设计也很顺利，大家一边商量一边尝试，很快园林的主体就搭建好了。小宇说："我觉得差不多了，我们搭建屋顶吧！"他的提议得到了大家的一致赞同，可是选择什么材料搭建屋顶又成了他们面临的新问题。

小红说："我感觉屋檐是斜着的。"

乐乐说："我们搭成三角形的，那样可能更好看。"

小宇说："好像没有那么多的三角形。"

三个人在玩具柜前蹲着搜寻合适的积木，搜寻了半天都不满意。小宇说："要不先这样吧？"但其他两名幼儿不同意。他们陷入了僵局。

教师问："你们遇到了什么问题？"

小宇说："我们就差屋顶没搭建好了，我们想搭建一个三角形的屋顶，可是没有合适的积木。"

教师说："你们以前玩泡沫积木游戏时，能拼出好多形状呢！"

小红说："用其他形状的积木也能拼成三角形！"

乐乐说："那我们试一试吧！"

他们很快就组合出了屋顶，从远处看还真有点像房顶了。

教师问："接下来，你们有什么想法？想再搭建点儿什么吗？"

小红说："我去过拙政园，那里有小桥和池塘。"

乐乐说："我也去过，里面的花园有很多漂亮的花，还有弯弯曲曲的小路。"

教师说："你们在园林看到这么多东西，那你们可以把它们都搭建出来。”

小宇说：“我们一起来搭建花园吧！”

搭建遇到的问题三：如何设计花园小路？

起初，幼儿选择了一些小的正方形、长方形积木铺路，但他们很快发现路高低不平。乐乐提议：“我们先设计一下花园小路，再照着搭建。”幼儿接受了他的建议，一起拿起纸和笔设计了各式各样的小路。铺好一条小路后，他们看了看，有些不满意：“好像还不够宽，再宽一点吧！”可宽积木没有了，怎么办呢？经过反复尝试，最终他们用两块短积木拼接成长方形积木，这下花园小路终于铺好了。

搭建遇到的问题四：怎样搭建出对称的亭子？

到了搭建亭子的时候了。刚开始，幼儿随意放了几根柱子，柱子之间的距离不等，前后也没有对齐；接着，他们就往柱子上盖板子。

小红说：“我们要搭亭子，两边是对称的。”

小宇说：“我感觉有点歪，边上的柱子好像不一样高。”

乐乐说：“这里好像不对称。”

小宇说：“下面不盖好，屋顶就更搭建不好了。”

三个人你看看我，我看看你，不知道该怎么办了。眼看幼儿遇到了麻烦，教师决定介入。

教师问：“对称是什么意思？”（幼儿回答：“就是两边一样，这边有什么，那边也有什么。”）

教师问：“怎么能让两边一样呢？”（幼儿回答：“用眼睛看。”）

教师问：“你们说的是目测，还有别的办法吗？”（幼儿回答：“比一比。我们可以将四根柱子放在一起比长度，如果它们一样高，那就对称了。”）

教师说：“好办法，赶快试一试吧！”

幼儿立刻干劲十足，相互配合行动了起来。一会儿的工夫，对称的亭子就搭建好了。

在搭建苏州园林的过程中，幼儿就像一群思想活跃的建筑师在认真研究，有合作、有探究、有争论、有沟通，在解决一个个的搭建问题中，幼儿获得了经验和发展（表 3-1）。

表 3-1　搭建问题中幼儿的经验与发展

搭建问题	幼儿的经验与发展		
问题 1：墙倒了怎么办？	在集体中善于倾听，有疑问时能主动提问。（听说能力）	当同伴讲话时能积极主动回应，依据情况用恰当的语言表达。（表达能力）	失败后不气馁，搭建遇到困难时愿意向别人请教，探索方法一起解决围墙问题，并找到答案。（合作、探究能力）
问题 2：材料中没有想要的形状怎么办？	能用不同的图形有创意地拼搭出大的三角形屋顶。（观察力、想象力）		通过观察、比较与分析探究用其他形状的积木拼成三角形。（探究能力）
问题 3：如何设计花园小路？	能绘制简单的设计图纸，用图画的方式进行记录。（探究能力）	在绘图与实践过程中，发现生活中的很多问题可以用数学的方式解决，体验解决问题的快乐。（认知能力）	当同伴讲话时能积极主动回应，依据情况用恰当的语言表达。（表达能力）
问题 4：怎样搭建出对称的亭子？	通过比较柱子长短、粗细，初步理解量的相对性。（数量关系）	愿意与人分享苏州园林对称的美，大胆交流，表达对苏州园林的喜爱。（感受与欣赏）	在搭建过程中与同伴相互配合，表现自己对苏州园林的理解。（创造能力）

我们搭建的苏州园林，在“行动—感知—发现问题—解决问题”的循环过程中，幼儿刷新了对苏州园林的认知，这对于幼儿来说是一项具有挑战性的研究。教师适时、适当地介入游戏，教师的作用在于“呼”和“应”，关注幼儿在活动中的表现和存在的问题，分析他们的需求，并给予策略、方法等方面的支持，形成合作、探究式的师幼互动，帮助幼儿获得有益的学习经验和发展。

（吴中区城南实验幼儿园　王晓凤　王静漪）

案例四　大楼建造记

在主题活动“我要上小学啦”进行的过程中，幼儿对于小学充满了兴趣，在晨间谈话时纷纷讲述自己心目中的小学是什么样子的。通过一系列的谈话，幼儿想要自己建造小学大楼的愿望愈加强烈。

镜头一：初次建造

【案例描述】

在建造小学大楼时，逸涵和璟程两人分别拿了一块木板放在桌上，然后逸涵拿起了她找到的木棍，用胶枪把木棍粘在了木板上，璟程则拿起了她找到的雪糕棒竖着粘在了木板上。在逸涵粘木棍时，木棍一直粘不住，逸涵看向她身边的妍妍说："你能帮我扶一下木棍吗?"妍妍听后，立即帮忙扶木棍。经过几次尝试，教学楼的第二层还是容易倒塌。另一边的璟程用雪糕棒制作的教学楼也一直难以完成，因为雪糕棒无法在木板上直立。璟程说："我的雪糕棒粘不住。"辰辰说："要找粗一点的材料，这样教学楼就不会倒。"逸涵说："材料的底部要平平的，这样才容易粘在木板上。"

- **活动分析**

1. 材料选择不恰当

四人在建造教学楼的过程中，主动去寻找材料，但是没有考虑材料是否合适，幼儿在不断重复与失败中，发现不同木条的平稳性。

2. 合作意识薄弱

游戏刚开始时，主要是个人独立建造，四人缺乏合作意识。

- **策略跟进**

教师通过引导幼儿集体讨论，帮助幼儿意识到材料选择是否合适的问题，激发幼儿探索的欲望，引导幼儿寻找更加合适的材料。

在材料选择出现争议时，教师提供机会让幼儿自己去探索，通过亲身体验、实际操作，幼儿了解到哪种材料最适合建造教学楼。

镜头二：再次建造

【案例描述】

四名幼儿根据设计图选择好材料后，再次进行教学楼的建造。在准备粘贴第二层时，发现教学楼歪掉了。原来是锯的柱子长度不一样。四名幼儿又开始讨论：柱子不一样长该怎么办呢？这时，璟程说："我们应该在木棍上做好标记。”璟程拿着尺子说：“我们可以用尺子量一量。”幼儿商量好方法之后用尺子在木条上画标记，璟程并没有将刻度对齐，导致所做的标记并不一样长。

幼儿在遇到教学楼柱子不一样高的问题时，能够自主进行商量，并提出解决的方法，即用尺子来测量。由于大班幼儿不熟悉尺子的使用方法，他们的建造停滞不前，教师在这时介入了游戏。

教师问：“你们用了什么方法确定教学楼的高度？”

璟程说：“我们找到了尺子，想用尺子量。”

妍妍说：“我们不会用尺子。”

陈陈说：“我不知道应该对齐哪条线。”

教师问：“除了尺子可以测量出同样的高度，还可以用什么方法呢？”

璟程说：“可以用木板量一量。”

逸涵说：“可以先锯下一根柱子，然后将其他的柱子锯成跟它一样长。”

了解到幼儿不会使用尺子，而短时间内又无法熟练掌握尺子的使用方法，于是，教师通过引导幼儿用其他自然物测量，以便让幼儿的建造活动能够继续进行下去。

● **活动分析**

1. 幼儿的分工合作

在游戏中，教师可以发现幼儿的分工合作能力有了明显的进步，遇到问题时不再自己独自解决，而是互相商量着一起解决问题。

2. 测量工具的使用

在游戏过程中，幼儿能够运用自己的已有经验，用尺子来测量。但幼儿对于尺子如何使用还不太熟悉，所以在做标记时，每根柱子的长度也不一样。

● **策略跟进**

根据幼儿的游戏情况，教师发现大部分幼儿都不太会使用尺子，于是，教师引导幼儿观察刻度，了解尺子的基本结构。通过操作，幼儿知道了用尺子测量的方法：测量时，尺子与被测量物的起点要对齐，每量一次要做上记号，接着测量时尺的一端要与记号对齐，要记住量了多少次，既不能漏计，也不能多计，最后的测量结果就是物体的长度。

镜头三：制作楼梯

【案例描述】

桐桐根据自己的设计图选择了以木片作为制作楼梯的材料。他先拿着木片一高一低地进行粘贴，在粘贴的时候还在教学楼旁边比一比，看看大小是否合适。在粘贴好楼梯之后，他将楼梯放在了教学楼的里面。霖霖看到后跟桐桐说："我要做一个跟你的不同的楼梯，我要把楼梯放到教学楼的外面。"其他幼儿也纷纷拿着自己的楼梯设计图，选择了自己想要的材料，制作了很多造型不一样的楼梯。

- **活动分析**

（1）在游戏中发现幼儿的游戏自主性明显提高，他们能够自己设计楼梯的造型，并根据设计图寻找材料。

（2）在制作楼梯时，幼儿能够根据材料的特征，制作内外不同的楼梯。

- **策略跟进**

（1）表扬幼儿在游戏时能够根据自己的设计图选择合适的材料，并能大胆创作楼梯的造型。

（2）提供更多材料，供幼儿制作楼梯。

在游戏中，幼儿的思考方式是多样的，面对问题时，幼儿能够通过协商、讨论等方式，寻找解决问题的方法，从而获得成功的愉悦感。

（太湖国家旅游度假区蒯祥幼儿园　张蒙）

第四章

发现儿童的生活

凡是儿童自己能做的，应该让他们自己去做。习惯养得好，终身受其福。习惯养得不好，终身受其罪。

——陈鹤琴

引言

幼儿活泼地成长，是在点滴的日常生活中进行的。幼儿在真实的生活情境中，发展生活的自理能力，养成健康的生活习惯，形成乐观的生活态度。教师应利用好幼儿的生活环节，包括饮食、睡眠、盥洗、如厕、来园、离园等，在“教”中贯穿“保”，在“保”中融入“教”。

第一，“教”中有“保”。在生活中，教师要尊重幼儿、信任幼儿，引导幼儿独立进餐、自主饮水、自行如厕、及时增减衣物等，这既是保育，也是教育，两者合一，融会贯通。

第二，“保”中融入“教”。在生活中，教师要细致观察，敏锐发现，巧妙地抓住教育的契机，如在整理抽屉时摸索收纳的方法，在餐后散步时尝试个性的表达……这些源于日常生活中的点点滴滴，可以帮助幼儿养成良好的生活习惯。

作为幼儿的引导者，教师要将“保教并重”落实在幼儿的一日生活中，将教育智慧隐藏在生活的每个细节里，有智慧地教育，有温度地保育，使爱与教育并行。

我们的问题和建议

问题一 自主进餐，我们应该怎样做？

进餐是幼儿一日生活中的重要一环。自主进餐是由教师包办转向幼儿自主进餐，通过自主进餐逐步提高幼儿的自我服务和管理能力，培养幼儿良好的饮食习惯，养成节俭的传统美德。

一、基于幼儿需要，提供适宜的支持

自主进餐采用小步递进的方式，从自主点心开始，循序渐进，一步步进展到自主用餐。自主用餐须体现幼儿的自主决策权，教师给予幼儿空间，支持幼儿共同参与到进餐规则的制定和用餐环境的布置中。

1. 共同制定进餐规则

自主进餐并不是完全放任幼儿，而是需要有一定的规则。师幼围绕“如何让自主进餐更有序”进行讨论，采用不同的形式（如绘画、做手工、录音、唱儿歌等）呈现规则内容，并根据实际进餐情况随时调整。只有幼儿亲自参与到规则的制订，才能理解并且主动遵守。

2. 共同布置愉悦的用餐环境

创设自由、宽松、温馨的用餐环境也十分重要，教师鼓励并支持幼儿对餐桌进行创意组合，并自由选择合适的装饰材料对餐桌进行美化。此外，教师还可以放手让幼儿自主选择班级内外指定的区域用餐，幼儿自己参与到温馨、愉悦的用餐环境的布置中，不仅有利于养成良好的用餐习惯，还能够培养对生活的热爱之情。

二、基于幼儿发展，给予有效的引导

自主进餐活动应充分关注幼儿的需求，把握幼儿的已有经验，从幼儿兴趣出发，放手让幼儿在自主取餐、自主就餐、自主整理的过程中实现自我价值。

1. 餐前——提升参与意识

为了保证午餐的顺利进行，餐前的准备活动至关重要。合理地组织活动非常重要，同时鼓励幼儿主动参与，培养“我能做”幼儿。

① 播报今日食谱。每天有一名“小小播报员”播报当日的食谱，“我能做美食播报小达人，告诉大家今天吃什么……”。以图文结合的方式让大家一起了解每种菜肴及其营养成分与对我们身体的益处，有助于幼儿养成不挑食、不偏食的饮食习惯。

② 组织餐前游戏。餐前等待环节，可以组织一些小游戏，分散幼儿等待的焦虑，如播放幼儿喜爱的《洗手歌》《吃饭啦》等歌曲，让小班幼儿玩一玩手指游戏，中大班幼儿还可以自由创编儿歌，把用餐准备及用餐规则以说唱的形式表现出来，让餐前环节变得有趣、丰富。

③ 组织餐前盥洗。餐前盥洗是养成良好的卫生习惯、提高自控能力的前提。小班的幼儿可在图示、儿歌、视频的提示下，学习“七步洗手法”。中大班的幼儿尝试自主、有序盥洗，同伴间相互督促，养成良好的习惯。

2. 餐中——内化规则意识

自主进餐环节中盛饭也是一门学问，应培养幼儿“我会做”的能力，将盛饭的权利交还给幼儿，盛饭不再由教师统一分配，吃多吃少全由幼儿自己决定。幼儿按照自己的食量盛饭菜，按照少量多次的取餐原则。餐中，应充分尊重幼儿的个体差异，在细致观察的前提下，为有效支持幼儿发展而搭建学习支架。

支架1："我"会排队——发展幼儿的忍耐力及自我约束能力。

支架2："我"会拿餐盘——发展幼儿手眼协调、一一对应能力等。

支架3："我"会盛饭菜——培养幼儿手部精细动作，培养幼儿根据实际需求盛取适量的饭菜和汤的能力。

支架4："我"会端饭——增强幼儿手臂力量，提升持物平衡走的全身协调能力。

支架5："我"会餐桌礼仪——根据自己的意愿选择与同伴一起用餐，有助于幼儿获得良好的情感体验，提高人际交往能力和社会性发展能力。

支架6："我"会正确进餐——掌握握勺、拿筷的正确姿势，安静进餐，拥有自我服务能力。

3. 餐后——增强服务能力

餐后，鼓励幼儿争做收纳和整理的小能手，让幼儿有更多机会锻炼自己，在分类整理的过程中，不断增强自我服务和为集体服务的意识，提高"我能行"的能力。

① 餐后记录。餐后记录是引导幼儿对今日餐点情况进行评价。问问小班的幼儿是否喜欢今天的饭菜，鼓励幼儿直接表达；中班幼儿尝试根据自己的进餐情况，做好"光盘"或"有余"的记录；大班幼儿能自主对用餐量、菜的评价、用餐秩序等进行记录。幼儿餐后对用餐情况的评价，有助于开展"光盘"行动，传承节约美德。

② 餐后整理。餐后整理这个看似简单的行为，其实包含幼儿良好行为习惯的养成。幼儿将餐盘、勺子等分类摆放，并清理桌面、归位椅子，进行全面的班级餐后整理工作。爱整洁、讲秩序、物归原处的做事习惯，就在这样的餐后整理活动中逐渐养成。幼儿在自我服务的基础上，提高劳动能力，增强服务意识。

③ 餐后活动。餐后活动的组织往往是容易被忽视的环节，经常会出现疏于管理、放任自流的现象，因此，应在餐后环节为幼儿创造一个开放的、支持性的环境，鼓励幼儿主动建构经验。小班幼儿可以选择室内区域进行安静的活动，如看书、玩拼图等。中班幼儿可以自主选择室内、走廊活动区安

静有序地活动，如自主阅读、与同伴玩棋类游戏等。大班幼儿则可以自由组队，进行适宜的室内外餐后活动，如讲故事、结伴散步等。自主安排丰富的餐后活动，有利于消化，为午休做好准备，更好地实现自我管理。

通过自主进餐的探索实践，我们更加坚信幼儿是天生的、有能力的学习者。幼儿学会了自主分配时间、自我服务、自我管理，不仅养成了良好的生活习惯，也获得了新的经验和发展。

问题二 如何更好地组织幼儿午睡活动？

创设温馨的午睡氛围，组织自主、愉悦的睡前和起床后活动，以及午睡过程中高质量的保育工作，能够较好地保障幼儿午睡的质量，促进幼儿的生长发育。有效组织午睡活动有以下策略。

1. 午睡前：充分的准备

幼儿午睡前，教师可以有计划地组织幼儿的睡前活动，给予幼儿一定的安全感，使其愉悦、放松。

通风准备：睡前 1 小时根据天气情况开窗通风，保持空气的清洁；天冷或天热提前 30 分钟打开空调。

营造舒适、温馨的氛围：播放轻音乐，营造舒适的氛围，鼓励幼儿安静休息。另外，教师也可以讲故事，帮助幼儿保持稳定的情绪，营造温馨的氛围。

生活指导：提醒幼儿及时如厕，小班幼儿在教师的帮助下检查口袋和床铺是否有异物。中大班教师可以鼓励幼儿自主检查，引导幼儿把身上的小物件（眼镜等）放在规定的地方。运用鼓励和表扬的方式指导幼儿自主脱换衣服，叠放衣服和鞋袜，盖好被子，并保持正确的睡姿。

对于入睡困难的幼儿要格外关注和予以安抚，在入园初期可以允许其带自己喜欢的玩具陪伴午睡，等幼儿熟悉了幼儿园环境，对教师产生依恋和信赖之后，再慢慢引导其自然、独立入睡。

2. 午睡时：贴心的呵护

幼儿睡眠时，教师须全程贴心守护在幼儿身边，定时巡视，实时关注室内温度，及时调节空调的温度和风力大小，根据季节和气温变化在巡视中随时为幼儿盖好被子，并关注幼儿睡眠时的睡姿。如果条件允许，教师可以安排睡不着和提前醒的幼儿做一些运动是不大的活动。

3. 起床后：有序的自我管理

① 听温柔的声音醒来。午睡起床时，教师可以播放轻音乐，让幼儿慢慢醒来。

② 做舒缓的动作拉伸。让幼儿做起床唤醒操，动一动，两两一起做个拉伸，在一个轻松、愉悦的氛围中慢慢唤醒和舒展身体。

③ 整理仪容仪表。幼儿起床后，教师须告知幼儿及时如厕、盥洗、喝水，鼓励幼儿独立、有序地穿好衣服和鞋袜，对于穿换有难度的衣服，教师可以给予帮助。教师准备好梳妆镜、梳子，便于幼儿互相检查仪容仪表，让女孩子自己梳头。

幼儿良好的生活习惯的养成是一个日积月累的过程，习惯需要在实践中慢慢养成。午睡并不是一件小事，需要教师细心的观察和发现，帮助幼儿养成良好的午睡习惯，提高幼儿的午睡质量，让每一名幼儿健康、快乐地成长。相信孩子们在幼儿园温暖的怀抱中，一定可以慢慢享受到那段甜甜的午睡时光！

问题三　一日活动顺利转换，如何优化过渡环节？

1. 过渡环节的概念

幼儿一日活动包括了来园、户外活动、学习活动、午睡等多个活动（图4-1），各个活动中存在的过渡时间称为过渡环节，它相对其他活动环节更自由、更宽松，也蕴含着丰富的教育价值。

在弹性作息时间下，每个年龄段、每个班一日活动环节的顺序不同，因此，一日活动的过渡环节数量和内容都不一样，在去碎片化作息、进行大时段作息的总原则下，教师要给幼儿自主安排活动的时间和空间。比如：来园时、户外活动时、学习活动时、午餐时、午睡时等。

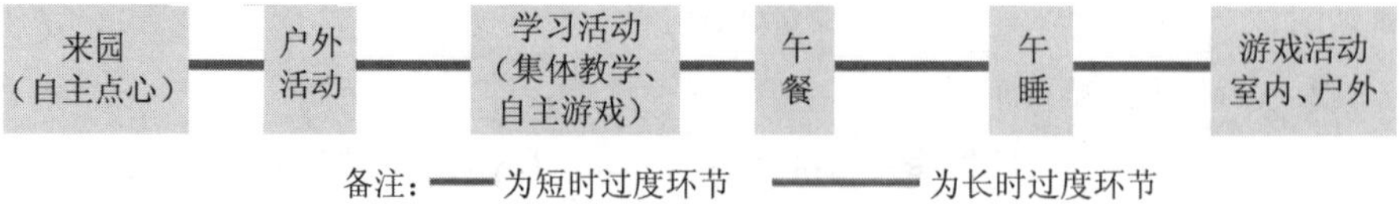

图4-1　幼儿一日活动过渡环节图

2. 过渡环节的误区

新手教师难以把握引导和放手的度，经常在过渡环节出现两种极端现象。一种是“圈养”，教师极度控制幼儿，直接下指令，节奏快，并将活动当作硬性任务，要求幼儿在过渡环节步调一致地做相同的事，完全不考虑活动是否单调、幼儿是否厌倦、是否尊重幼儿。另一种是“放养”。教师完全不干涉、不引导幼儿，保教分离，形式单一，放任自流，节奏松散，幼儿或消极等待、无所事事，或整个班级混乱无序，安全隐患层出不穷。

3. 过渡环节的组织原则

（1）平衡过渡环节的转换节奏

过渡环节不仅是一日活动变化更替的需要，也是幼儿身心调节的需要。在一日活动中，教师应适当调整转换的时间点，在既考虑活动转换节奏的同时，又考虑尊重幼儿不同的身心调节速度，合理组织过渡环节。

（2）理解和尊重幼儿的行为

幼儿园一日活动的过渡环节相对于其他环节来说，既是一个较松散、较自由的环节，也是一些意外事件易发的环节，一线教师往往因为怕出事而过多限制幼儿的活动，极度控制幼儿的行为。过渡环节要做到理解、尊重幼儿。

（3）重视过渡环节的隐性价值

教育无处不在，教育无时不有，尊重幼儿的主体地位，灵活、弹性地调整幼儿的一日活动作息时间，让幼儿在宽松自在的环境中，培养活泼开朗、积极主动的性格。

4. 过渡环节的指导策略

过渡环节持续时间有长有短，教师要顺应幼儿的心理需求和兴趣需要，采取不同的方式组织一日活动的过渡环节。时间较短的过渡环节，采用“助力式”模式，即通过音乐信号、手指游戏等方式，助力幼儿形成秩序感，养成独立自主的生活习惯；时间较长的过渡环节，采用“沉浸式”模式，即在各个区域投放各类幼儿感兴趣的低结构游戏材料，让幼儿在自主选择、自主操作的沉浸式游戏中获得自我发展。

（1）“助力式”过渡指导策略

以交往促进情感：在短暂的过渡环节，教师要尽量为幼儿营造交往的环境和机会，比如：对小班的幼儿，教师可以和幼儿说说悄悄话；中班幼儿可以和同伴一起晾晒毛巾，给自然角的植物浇水；大班幼儿则可以和同伴分享小秘密。丰富的交往内容，可以促进师幼之间的情感交流，让幼儿深切体验到教师、同伴的爱。

用音乐发送信号：在短暂的过渡环节，教师可以播放一些经典乐曲，优美、舒缓的乐曲可以让幼儿的情绪得到释放。教师还可以与幼儿共同讨论和选定合适的音乐，不同的音乐代表不同的活动信号，比如：当听到《玩具兵进行曲》时，幼儿就知道自主游戏活动已结束，要收拾玩具，将其整理并归位；当听到《虫儿飞》时，幼儿就知道午睡时间已到，要安静地脱衣裤，独立入睡，这样让幼儿在一日活动中始终保持良好的情绪，从而获得认知，内化习惯，形成良好的规则意识。

以游戏促进发展：在短暂的过渡环节，教师可以选择一些符合幼儿兴趣的游戏，简单易操作，娱乐性强又相对安静，活动量小，规则也比较简单，不受人数、场地、时间等条件的限制，幼儿可以自由组合，随时活动。这样的游戏能迅速吸引幼儿的注意力，放松心情，稳定情绪，以避免出现消极等待的状况。

（2）“沉浸式”过渡指导策略

《幼儿园教育指导纲要（试行）》指出，要保证幼儿每天有适当的自主选择和自由活动的时间。较长的过渡环节就是幼儿自由选择的好时机。在保障安全、卫生的前提下，教师可提供丰富的操作材料，给予幼儿权利，让他们自主选择想要玩的游戏、自由支配自己的时间，满足他们的愿望，让过渡环节变得生动有趣。教师力争做到材料投放层次化、游戏形式多样化、游戏指导趣味化。

问题四 幼儿在如厕中存在哪些问题及怎样帮助幼儿轻松如厕？

1. 幼儿在如厕环节中存在的问题

（1）害羞、恐惧、焦虑的心理类问题

2—4岁的幼儿慢慢有了羞耻心理，他们对在“自己家”可以做的事情，在“外面”做就会不好意思，身体界限感和羞耻心理正在慢慢产生；幼儿刚进入幼儿园时，面对新的小伙伴、新的教师、新的环境，可能会缺乏安全感，从而产生焦虑、恐惧的心理。

(2) 行为、习惯、能力差异的问题

在父母、祖辈的过度宠爱之下，很多幼儿生活技能有限，例如，不会自己穿脱衣裤，不会擦屁股，等等，因此，想要上厕所时，只能自己忍着，时间长了，就会发生尿裤子之类的难堪事件，再者，大人的全权参与甚至包办行为让幼儿错失一次次自主锻炼的机会，幼儿适应了这些生活方式，久而久之，个体间行为能力差异也日渐凸显。

(3) 贪玩、模仿、跟风行为的问题

有些幼儿在产生大小便的感觉后，常常因为太过于投入当前的活动而遗忘了自身的生理需要，或者乐于“模仿”别人，即便没有排便的需求，但容易“跟风”，产生模仿的行为，这一现象导致有时候厕所会出现拥挤的情况。

(4) 身体异常、生理缺陷的问题

幼儿由于特殊的、突发的身体异常，引起拉肚子等一系列生理反应，而且其年龄尚小，控制力不足，往往来不及上厕所就将大便解在身上，这也影响了幼儿正常的如厕。也有部分幼儿，他们可能有着心理或者生理上的缺陷，常常会有自卑心理，通常表现为抗拒如厕、偷偷如厕等。

2. 幼儿如厕中的指导策略

(1) 创设舒心的如厕环境

宽松的心理环境：排便是每个人最基本的生理需要之一，在熟悉、信赖的成人的悉心照顾和耐心引导下，幼儿自然会逐渐形成排便规律。我们应该与幼儿共情，基于幼儿的角度思考，将情感带入幼儿的世界，真正地去理解幼儿。

舒适的物理环境：在培养幼儿如厕习惯时，良好的卫生状况也能缓解幼儿的紧张心理。比如：马桶清洁、地面整洁等，会营造一种安全、舒适的环境，让幼儿逐步养成自觉如厕的习惯。同时，教师可放置一些幼儿感兴趣的图片。激发幼儿如厕的自觉性，使幼儿渐渐养成良好的如厕习惯。

(2) 关注个体的特殊需求

特殊儿童是由先天或后天的因素而导致身心发展与正常儿童存在不同程度差异的儿童。我们要关心这些特殊儿童，及时给他们做好如厕环境上的支持和心理上的疏导，比如：针对他们的生长发育特点、心理特点，可在坐便器前装上隔断帘等，保护他们的隐私；教师可主动询问幼儿的身体状况，并且给出及时的建议与指导。

（3）采用多元的如厕指导

玩游戏是幼儿最好的学习途径之一，教师可通过视频、儿歌、现场模拟等多种形式引导幼儿掌握如厕技能。比如：通过利用气球模拟擦屁屁情境、阅读《我会上厕所》《我要拉粑粑》等绘本、粘贴蹲坑技巧等图示，提高幼儿的如厕技能，让幼儿感受到如厕是一件轻松、愉快的事情。

同时，掌握一定的纸量。小班可提供较柔软的纸巾，中班可提供事先已对折的便纸，以免便纸过薄导致擦不干净，以减少幼儿学习使用便纸的困难，大班可以提供整张便纸，帮助幼儿更好地适应小学生活。

在幼儿一日活动中，教师要关注幼儿的如厕表现，对幼儿的进步给予表扬和鼓励，帮助幼儿克服如厕时的多种障碍，让幼儿体会到自己能够独立如厕的成功与喜悦。

（4）争取同步的家园共育

家庭教育的作用是不可忽视的，有了家长的配合，教育会取得事半功倍的效果。教师可以通过电话、面谈等方式及时与家长沟通幼儿在园的如厕情况，并为家长提供一些建议，保证幼儿在园、在家生活规律的一致性。家园共育，提高幼儿的生活自理能力。

一日生活皆课程。我们根据幼儿的年龄特点和个体差异，积极营造润物细无声的教育环境，通过用心观察、耐心指导，从问题背后的原因入手，采用适宜的策略，让如厕成为幼儿一日生活中轻松、愉快的事情。

我们的案例

案例一　放心吧，我会自己入园

大班幼儿对自主入园环节的讨论，激起了幼儿的思考和探究。

一、自选路线入园

星星说：“先晨检完的可以先自己走上来呀！”“对呀，这样不用等来等去，就可以早点来选游戏了。”泡泡也表示了赞成。幼儿都对自选路线方案表示赞同和期待。第二天，子轩和星星走了后门楼梯，遇到了其他班的好朋友。睿睿陪着邻居好友先到了大（5）班，再回到了自己的班级。志豪和家栋约定明天早晨先到一楼小（7）班弟弟的教室里看一下，再一起进入班级。

由表 4-1 可见，有 5 条路线可以到达班级。自选路线入园受到了大班小朋友的喜爱，幼儿感受到自由和尊重的同时，社会性交往能力得到了提升，方向感得到了增强。

表 4-1 幼儿自选路线统计表

路线	路线一	路线二	路线三	路线四	路线五
具体路线	主楼梯 ↓ 大（3）班 ↓ 到达班级	西侧楼梯 ↓ 大（1）班 ↓ 到达班级	一楼后连廊 ↓ 大（4）班 ↓ 到达班级	一楼东连廊 ↓ 会议室 ↓ 到达班级	一楼北楼梯 ↓ 三楼东连廊 ↓ 到达班级
选择人数/人	7	12	4	3	2

二、选择最近的路线入园

恩恩说："我找到了一条近路。"小朋友们讨论起来，争论哪条路才是最近的。为了找到最近的路线，他们尝试了各种方法。

星星提出用计时法，让不同小朋友走不同的路线，谁用时短，那么这个小朋友走的路线就是最近的。

菲菲提出用木板或地垫进行测量，比较路线的长短。

最后他们尝试用同一卷长麻绳进行测量，麻绳剩得多的路线就是最近的路线。通过多次的尝试与探究，幼儿终于找到了进入自己班级的最近路线。

幼儿是积极主动的学习者。在探究过程中，幼儿相互合作，不断改进，实现了思维的发展，培养了同伴合作意识。

三、选择主题路线入园

睿睿早上进班后和瞳瞳说："我今天从后面上来的，看到樱花开了，好漂亮呀！"旁边的幼儿听到后，也想去看樱花，便问睿睿："走哪条路可以看到樱花啊?”睿睿就和大家分享了她今天的入园路线。于是，当天下午幼儿制定了一条可以看到樱花的进园路线，并在樱花树下做好了打卡记录。按照这个思路，他们制定了樱花主题路线、萌宠主题路线、油菜花主题路线等。主题路线开启的时间和内容由幼儿在前一天的下午确定。

亲近自然、感受自然是幼儿教育不变的主题。幼儿对于花、草、鱼、虫的喜爱，是热爱自然的表现。幼儿可以根据季节特点和兴趣的变化，设计不同的主题路线。培养大班幼儿做计划的意识和提前规划的意识，也是幼小衔接的重要目标。

四、制定安全措施

采取多种方案入园后，幼儿获得了更多的自由和快乐。与此同时，他们也发现了一些安全隐患。

1. 制定安全公约

睿睿提出可以像班级公约一样制定一个走路公约，约束大家好好走路。“特别是走楼梯时不能跑，不能推前面的人。”菲菲补充道。泡泡说：“可是有的人走得太慢了。”幼儿讨论了一系列在进园过程中遇到的问题和存在的安全隐患，然后制定了安全公约，还将其编成了朗朗上口的儿歌，与其他年级的小朋友分享：“上楼梯要用走，好朋友不拉手。走得慢靠右走，走得快不伸手。”

2. 制作危险警示牌

幼儿寻找了一些他们认为的危险地带，如楼梯转角、三岔路口等。他们用简笔画的方式，在这些地点制作了危险警示牌，用来提醒大家注意安全。

3. 启用安全“小警察”

虽然有危险警示牌，但是仍有个别不自觉的小朋友会违反安全公约。针对这个问题，幼儿立刻想到了角色游戏《小警察》。“小警察”由每个班级经常违规的小朋友轮流担任，每天早晨他们在容易出现危险的地方来回巡视，在监督他人的同时牢记规则并约束自己。

幼儿以儿歌、图示和角色游戏的方式，进行安全教育防护。儿歌内容浅显易懂，便于幼儿记忆。角色游戏《小警察》能够让幼儿在轻松、愉快的氛围中学会自我保护，提高自我约束能力。《3—6 岁儿童学习与发展指南》提出，要鼓励幼儿遵守社会规则，纠正违规行为。培养幼儿在楼道行走的安全意识，也是常规教育中必不可少的一项内容。

蒙台梭利曾说：“教育首先要引导孩子沿着独立的道路前进。”自主入园涉及幼儿自主能力、人际交往、方位感知、自我管理等方面，是潜移默化地发展幼儿各项能力的重要途径。从亲人陪伴幼儿入园到幼儿自主入园，我们意识到幼儿是有能力的。从单一的入园路线到自主规划入园路线，我们意识到幼儿是有想法的。从教师监督到幼儿做“小警察”，我们意识到幼儿是能行的。幼儿不仅是幼儿园中的幼儿，更是社会中的幼儿，教师要懂得放手，善于观察，抓住契机，发挥每个环节的价值。

（吴中区越溪实验幼儿园　陆翌楠）

案例二　今天我来啦！

来园签到是幼儿一日生活中的一个重要环节，如何优化来园签到环节，让签到有趣、有意义是值得教师思考和探究的问题。尤其对于大班教师来说，有效利用每天的来园签到环节，让大班幼儿自主表现与发挥创造力。

大（1）班的幼儿对于来园签到已有丰富的经验：在小班时，他们会用开火车等多种形式表示自己来上幼儿园了；在中班时，他们会用图标、数字等记录自己来幼儿园了；到了大班，可以用什么方式来每天打卡呢？教师把这个难题抛给了幼儿，让他们用自己喜欢的方式来园签到。

第一阶段：单人日签

教师给幼儿每人一张彩纸，让他们用自己的方式签到，幼儿表示要在彩纸上写上自己来园的时间、名字或者学号。于是，教师在签到处提供了电子时钟、签字笔、彩纸，在签到墙面上还张贴了幼儿的姓名和对应的学号。不会写名字的幼儿就用学号代替姓名。一个星期后，教师让幼儿看看签到单，找找问题。很快，幼儿发现了两个问题：① 有些数字写反了。② 在签到单上看不出谁迟到。经过讨论，幼儿找到了解决问题的办法：认一认，辨一辨，1—10 的数字到底应该怎么写；8:15 后到校，就算迟到了，迟到的人要用红色纸签到，没有迟到的就用绿色纸签到。经过调整，幼儿的签到逐渐熟练，连迟到的情况也有了很大的改善。

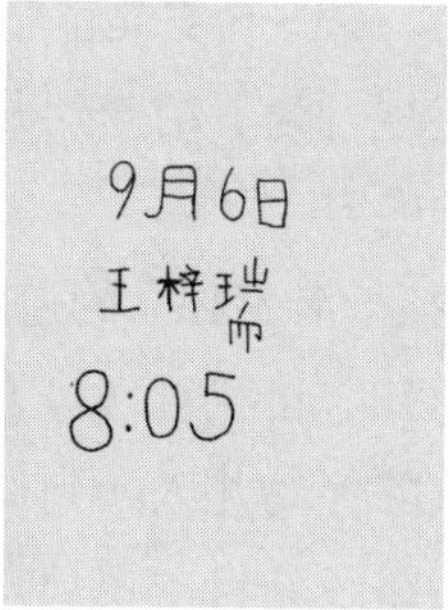

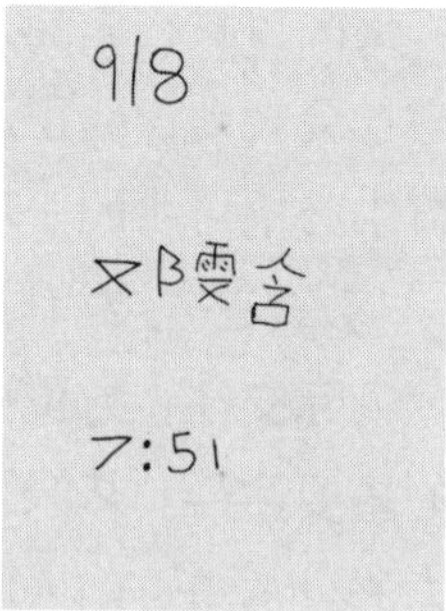

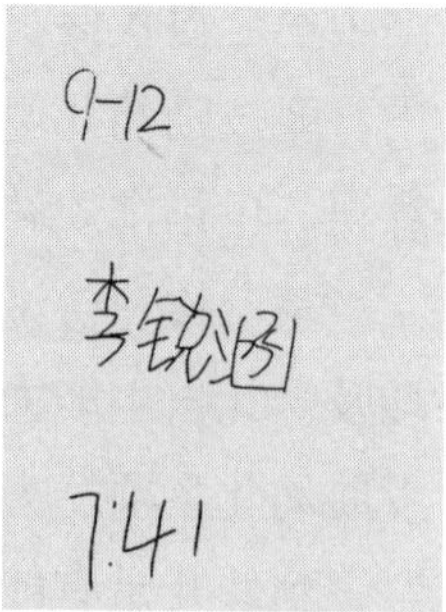

自主、有序地签到了又一周后，幼儿又发现了问题：签到墙上贴满了小纸片，都快贴不下了，每天一张纸既废纸又占地。经过幼儿反复的商量、设计和思考，他们提出一周用一张表格来签到。周签表就这样诞生了。

第二阶段：单人周签

在教师的引导和协助下，周签到表制作成功，上面一栏为星期栏，从周一罗列到周日，左侧一栏为项目栏，内容由幼儿自定，涵盖日期等。每天幼儿用自己喜欢的方式记录着，他们发现一周记完，就能很清楚地统计出一些信息：这周一共来了几天，准时到园几次，迟到了几次。慢慢地，他们还想到了用不同颜色的笔表示入园情况，用红色笔记录迟到，用绿色笔记录准时。

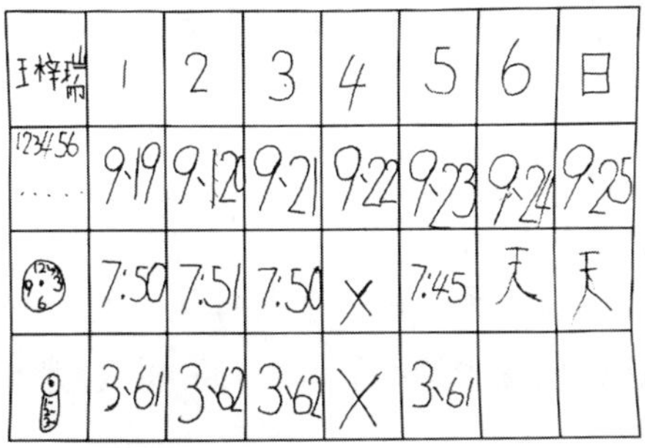

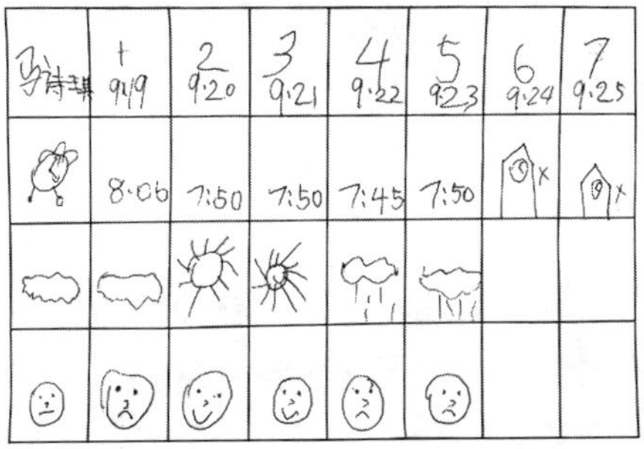

教师及时肯定他们的创意，随即又提出了一个新的挑战：从这张周签表上，能看出他们一周的出勤情况，能不能设计出一张新的周签表，一下看出他们一组小朋友的出勤情况呢？幼儿又开始了新的思考：怎样把一组的小朋友都放在一张周签表上呢？经过讨论，他们的小组周签表也酝酿成形了。

第三阶段：小组周签

小组周签表仍然沿用单人周签表的格式，上面一栏为星期栏，不同的是左侧改为了姓名栏。小组里的每名幼儿都在上面签上了自己的名字。一周签完了，幼儿开始统计组内幼儿一周的出勤情况，结果发现，幼儿只认识自己的名字，却不认识别人的名字，那怎么办呢？幼儿想到了画图标来表示自己的名字，比如：“蒋民进”根据谐音，画了张奖状的图标。这样果然提升了统计效率，大家很快统计出一周内该小组每个成员来园几天、缺勤几天、迟到几次，根据组内的统计情况，教师和幼儿还共同制作了一张统计表，统计出全班孩子的出勤情况。根据统计结果，教师还给出勤满、出勤准时的幼儿颁奖。

几天后，幼儿又有了新的发现。

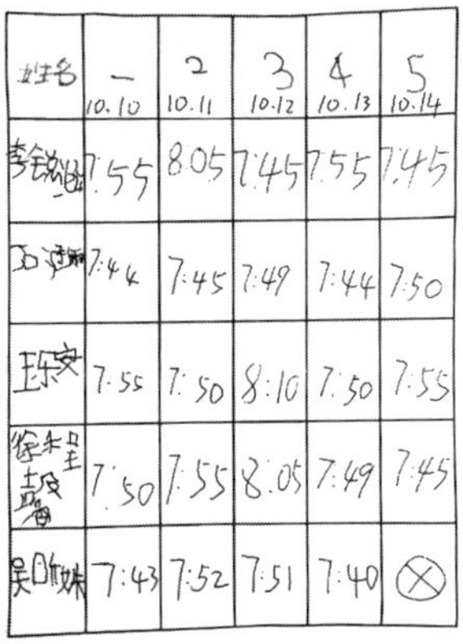

发现一：签到日期只要知道前一天，后面的日期按照数字顺着数过去就可以了。

发现二：如果是周六或周日，那么日期要再往后数两天。

发现三：原来一周共有7天，上学5天，休息2天。

顺着幼儿的思路，教师顺势提出：一周有7天，那一个月有几天呢？一个月要上多少天学呢？休息多少天呢？迁移周签表的经验，教师和幼儿设计了月签表。

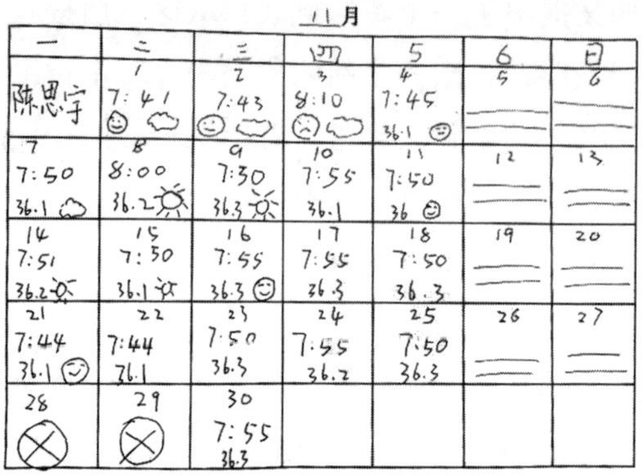

第四阶段：花式月签

新的月签表有很多格子，有了周签表的经验，幼儿决定第一栏仍然为星期栏，11月的第一天是周几呢？幼儿说是周二，于是大家从周二开始记录，这次的空格比周签表要大，而幼儿的记录能力已经有了很大的提高，他们记录的花样也多了起来。首先表现在内容上，有记录体温的，有记录时间的，还有记录天气的，记录的标记也各不相同。从一个月的不间断记录里，幼儿又有了新的发现。

发现一：原来11月只有30日，没有31日，11月30日后面，就是12月了。

发现二：我在11月里，上了22天学，休息了6天。

发现三：11月，我上学一天都没有迟到。

发现四：11月里，我有两天上学不开心，其他时候都是开开心心的。

发现五：我的体温大都是35摄氏度……

幼儿在签到的过程中不断有新的发现。

陈鹤琴先生说："凡是儿童自己能做的，应该让他自己去做；凡是儿童自己能想的，应该让他自己去想。"教师在思考如何让签到活动始终保持新意时，决定把问题交给幼儿来解决，让他们做自主签到的主人，尊重并支持幼儿尝试多种形式的签到。

从日签表到月签表的设计和应用，从统计一周到统计一个月的出勤情况，从管好自己到关注别人的签到情况，可以看到幼儿的经验在不断迁移、运用和丰富，幼儿对时间、日期、统计等概念的理解加深了，他们的责任感、时间感、仪式感增强了，他们的数学思维能力、解决问题能力提高了。幼儿的深度学习与发展离不开教师的放手、支持与助推。

（一）敢于放手，凸显深度学习主体

幼儿是学习活动的主体。幼儿深度学习是幼儿积极、能动、创造性地诠释自己探究周围世界的过程。在自主签到的过程中，教师适时退出与放手，让幼儿自主决定在签到表上记什么、怎样记、记后发现什么等，让幼儿真正处于自主、能动的学习状态。教师给幼儿提供了直面问题、思考问题、解决问题的契机，让幼儿真正成为学习的主人。

（二）给予支持，保障深度学习条件

深度学习是一种基于问题解决的学习。3—6 岁的幼儿处于具体形象思维阶段，他们的学习需要一定的时间保障，在长时间内思考、操作、实践、比较、解决复杂的问题。教师提供纸、笔，给予幼儿充足的时间，将贴近生活和富有挑战性的学习内容（数字、书写等）都自然地渗透到签到活动中，幼儿也在每天的签到活动中不断地练习和巩固，不断积累新的经验。

（三）有效助推，促进深度学习生发

教师应当成为一位敏锐的观察者，细心洞察幼儿的行为，发现可以引导的契机，采取恰当的策略，助推幼儿的深度学习。在自主签到中，教师通过日常观察，教师和幼儿一起不断丰富签到的内容和方式：当“日签”出现问题，引发幼儿采用“周签”，当“单人签”发现只关注自己，引发幼儿采用“小组签”关注别人，当“周签”中发现了周概念，引发在“月签”中发现月概念，教师适当的设疑和追问成就了幼儿的深度学习之旅。

（吴中经济技术开发区实验幼儿园　周丽芳）

案例三　我会整理抽屉

幼儿园的一日生活，是幼儿养成良好习惯的重要环节。教师要善于从幼儿的生活环节中敏锐地捕捉有教育价值的内容，让幼儿体验生活、积累经验、发展能力。

《3—6 岁儿童学习与发展指南》指出，能整理自己的物品；自己的事情尽量自己做，不愿意依赖别人；敢于尝试有一定难度的活动和任务。基于此，当面对杂乱的抽屉时，我们与孩子约定共同学习整理抽屉。

一、活动内容与过程实录

1. 第一次整理抽屉

幼儿约定先自己尝试整理抽屉。不同的幼儿各有各的方法。

天天把抽屉里的画靠着左上角摆放整齐，橡皮泥、蜡笔沿着抽屉的右边靠边摆放，最后再将其放入成长档案袋。

阳阳拿了一个塑料袋，将画纸、手工作品、蜡笔等零碎的东西全部塞进塑料袋里，然后把塑料袋放在成长档案袋的上面，压了压，最后关上了抽屉。

航航把抽屉里的东西一股脑儿拿出来放在椅子上，然后再把椅子上的东西一样一样有规律地放回抽屉。

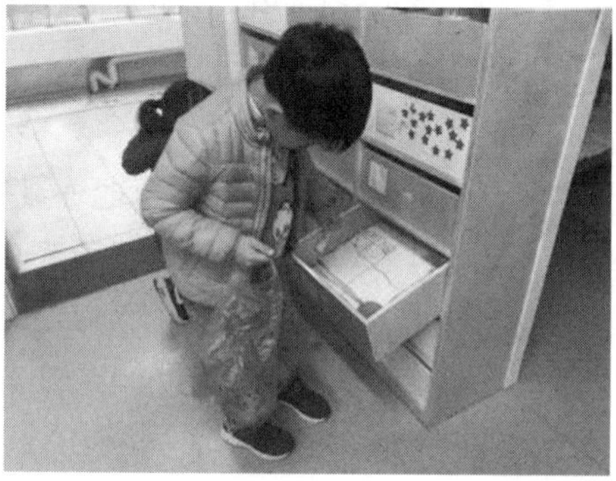

等到抽屉整理好，我们一起来分享整理的方法。

尧尧提出："我把画叠在一起，小的纸放在下面，大的纸放在上面。"

凡凡立刻反驳道："小的放在上面好，这样拿的时候更方便。"

豪豪是把蜡笔竖着靠着边摆的，没有平铺着摆，他觉得这样更节省空间。

阳阳介绍自己是把大部分东西放在红色的塑料袋里，把剩下的东西藏在塑料袋的下面。

煊煊的抽屉一放上来，大家就觉得里面的东西太多了。航航看到里面还放着夏天的衣服，建议道："现在是冬天了，夏天的衣服可以带回家了。"

在这样的过程中，幼儿清楚地表述、分享着自己的整理经验，也互相学习着同伴的整理经验。

2. 第二次整理抽屉

大部分幼儿由于抽屉里放的东西太多了才会显得杂乱。那么，是不是所有东西都需要放在抽屉里呢？就像航航给煊煊的建议：冬天的时候可以把夏天准备穿的衣服带回家。不需要的东西怎么处理呢？幼儿想到把抽屉里的东西像是列清单一样画下来，然后对照画出来的物品清单再次尝试整理抽屉。

对照物品清单再次完成整理后，幼儿进行了分享。

第一次整理的时候，有的幼儿觉得小的物品放在上面好，拿起来方便，但是晨晨实践下来发现还是把大的成长档案袋放在上面好，这样抽屉看起来更整洁，而且成长档案袋是常用的，放在上面拿起来更方便。

平平觉得抽屉里的衣服用不上了，可以带回家。暖暖把抽屉里的手工作品送给了好朋友。

总体来说，有了物品清单，幼儿在整理的时候更有条理性，大部分幼儿的抽屉经过整理后变得更加整洁、干净了。

3. 分区归类整理

个别的幼儿在两次整理抽屉后还是不满意，于是接受了同伴的建议后利用空余时间多次整理了抽屉，其间还发现了一些新的方法如分区归类整理。

西西将抽屉里的物品进行了分类，将蜡笔、橡皮泥、记录本这些常用物品归为一类，放在椅背的收纳袋中，方便每天取拿，其他物品则留在抽屉里。

灿灿则将所有纸质物品，如数学练习本等叠整齐放在文件袋中，其他物品则依次靠边摆放好。

幼儿整理抽屉的活动持续了大约两周时间，最后通过幼儿的投票，天天被评为本学期的“整理小能手”！

整理活动展现出幼儿的个体差异。针对这一差异，教师没有选择生硬地灌输整理的技能，而是引导幼儿学习不同的整理办法，充分利用伙伴的力量去拓展幼儿的思维。

一日生活皆课程，关注幼儿生活，让幼儿在日常的生活中获取有益的经验，对幼儿的自我服务、自我成长尤为重要。

（吴中区城区幼儿园　张云）

案例四　让用餐充满幸福的味道

午餐时间到了，阿姨推着餐车进来了……

苏苏：“阿姨，今天吃什么呢？”

“今天吃美味的红烧鸡翅，还有小白兔最爱吃的胡萝卜……”

苏苏高兴地拍手跳起来：“好香哦，我最喜欢吃红烧鸡翅了。”

依琳说：“老师，我不太喜欢吃胡萝卜，能少给我打一点吗？”

“我不喜欢吃红烧鸡翅。”“我可以只吃白米饭吗？”很多幼儿也应和着。

我们班午餐挑食问题还是比较严重的，每次午餐过后，剩菜桶里的食物都比较多。我们仔细观察了班中每名幼儿的用餐情况，发现主要存在以下问题。① 有52%的幼儿挑食，有的只喜欢吃白米饭，有的只吃肉不爱吃蔬菜，有的只吃自己喜欢的菜，别的菜都不吃。② 有30%的幼儿吃饭不专心，一边吃一边玩，吃饭时爱说话。③ 还有25%的幼儿有不良的进餐习惯：拿勺姿势不正确，坐姿不端正，吃的桌上和地上到处都是，食物含在嘴里不咽下去。

教师的思考一：

好的饮食习惯可以让幼儿健康成长，并受益终身。《3—6 岁儿童学习与发展指南》指出，3—4 岁幼儿能在成人的引导下，不偏食，不挑食，喜欢吃瓜果、蔬菜等新鲜食品，要帮助幼儿养成良好的饮食习惯。随着人们物质水平的提高，家长常常只挑幼儿爱吃的菜买，并且由家长喂食，导致幼儿独立性差、依赖性强等，很多幼儿存在挑食、偏食现象。小班时期是培养幼儿良好生活习惯的关键期，我们亟须思考如何让就餐环境更自主，让就餐过程更自主，让幼儿更自主。

妙招一：用餐环境，我来设计

前段时间，保育员阿姨在桌子上铺上了格子桌布，吃饭时梦依兴奋地和同伴说：“洋洋，洋洋，这块桌布真漂亮呀！好像与我和妈妈去吃的一家面馆的桌布一样呢！”

“我也吃过这家面馆，他们的桌子中间还放有一盆花呢！”洋洋回答道。

“我们可以去自然角搬呀！这样也可以变成我们小（6）班的餐厅啦！”听着磊磊的提议，菠萝组的幼儿行动了起来……

看到了菠萝组小朋友的行动，其他小组也纷纷效仿。心悦高兴地喊：“噢，这是我们小（6）班的餐厅，真漂亮呀！我和妈妈去的餐厅还有音乐呢！老师可以帮我们放音乐吗？”

幼儿非常喜欢自己的布置，随着音乐的响起，大家一个个脸上都洋溢着笑容。今天碗里的饭菜仿佛都变得格外香了！

教师的思考二：

良好的用餐环境是幼儿自主意识培养的前提。倾听并支持幼儿的想法，让幼儿参与到用餐环节的布置中来，不仅提高了幼儿的自我参与度，扩大了幼儿的交友范围，也让他们感受到了环境带来的放松与愉悦。

妙招二：位置伙伴，我来选择

有一天宜俐请假了，果果说：“老师，我可以坐在宜俐的位置上吗？我想和梦依一起吃饭。”和好朋友坐一起，吃起来更有意思。为什么不让小朋友试试呢？于是，教师决定支持果果的想法，让幼儿自己选择座位用餐。

幼儿已经习惯了每天总是与一桌固定不变的同伴用餐，如今能自由选择位置和伙伴，别提有多兴奋了！但新问题也随之而来了。① 想选的座位被别人提前选掉了不开心。② 部分幼儿搬着椅子跑着抢座位，存在安全隐患。③ 一部分幼儿搬着椅子走来走去，拿不定主意要坐哪儿。我们商议出了新的办法，做了一块座位预约板，幼儿在离园前可以将自己的头像贴在预约板上想坐的座位旁，预约第二天的午餐位置。

教师的思考三：

换位置坐对于幼儿来讲是一件很有趣、很新鲜的事，平常我们会每半个月换一次座位，但那是以固定的小组为单位的。自主选择午餐位置，不仅增强了幼儿们的交往能力，也增加了他们午餐的乐趣。

妙招三：饭菜分量，我来决定

幼儿自己设计的用餐环境很温馨，但真正光盘的幼儿还是不多。怎么办呢？让我们先听一听幼儿的想法：怎样才能把饭菜全部吃完呢？

心悦说：“中午我想少打一点儿饭，这样我就能吃完了。”

美玲说：“我不要吃蔬菜，可以少放一点儿吗？”

浩翔说：“我在家吃一大碗饭，但是我要多加一点儿肉。”

梓豪说：“我不喜欢的菜可以少给我一点。”

“要是让我自己盛就好了，我要少一点饭，多一点胡萝卜！”果果吃完饭菜，一边擦着嘴巴一边说。

我们将盛菜、盛饭的盆从餐车上搬到适合幼儿盛取的桌子上，幼儿根据自己的需求自主取餐，有时上午运动量大了，需要多盛一点，有时胃口不好，想要少盛一点……

教师的思考四：

每个幼儿都是独立的个体，由于月龄、体重、体质、家庭喂养方式等的不同，他们的食量也各不相同，在保证幼儿营养的基础上，我们允许幼儿自主选择饭菜的量，这也是幼儿自我管理的过程。

妙招四：绘本阅读，我来感受

幼儿现在能够根据自己的需求取餐，吃得比以前开心，倒掉的饭菜也比以前少了，但挑食的问题依然存在。是不是只要盛得少，只挑选自己喜欢吃的饭菜就好了呢？为了切实地让幼儿感受到食物和人体的关系，以及了解挑食的危害，我们引导幼儿阅读了相关的绘本。

洋洋说："阿布这个不吃那个不吃，连玩游戏的力气都没有了。"

磊儿说："不喜欢吃的东西也是有营养的，我们不能挑食。"

梓豪说："挑食会变得瘦瘦的、小小的。"

乐乐说："不能只吃肉不吃蔬菜。"

晨翊说："我们每个人都不能挑食，挑食一点儿都不酷。"

…………

教师的思考五：

从幼儿的对话中可以感受到，他们能初步理解食物与健康的关系。当幼儿认识到不挑食的重要性后，光盘行动便有了内驱力。

妙招五：奖励办法，我来制定

鼓励小朋友吃完食物，还有什么办法呢？

苏苏说："吃完饭，就给我贴个小贴纸，我最喜欢小贴纸了！"

小奕说："老师，我先吃完可以当小组长吗？"

…………

经过师幼间的讨论，我们最后共同约定：吃完的幼儿可以自愿选择当明天点心店的"老板"，在餐后为能光盘的幼儿贴上小红花。

教师的思考六：

《江苏省课程游戏化项目实施要求》指出，把握各环节中幼儿学习与发展的契机，洞察各环节可能给幼儿带来的体验。餐点环节是一日生活中的一个小环节，当我们仔细观察，便能发现它蕴含着重要的教育契机。自主午餐管理的尝试不仅发展了幼儿自我服务、自我管理的能力，还培养了幼儿的良好习惯。我们将继续从幼儿的需求出发不断探索，让幼儿的生活充满幸福的味道。

（东山实验幼儿园　杨敏英）

案例五　让散步更有意义

幼儿园一日生活应真正彰显自由、自主、愉悦、创造，并充满学习与发展的机会。散步是幼儿园一日活动中的重要一环，它不仅能帮助幼儿消化，促进其血液循环，还有利于幼儿呼吸系统的改善。幼儿是活动的主角，把散步的自主权还给幼儿，让散步活动过程自由、自主、愉悦。

午餐后是幼儿的散步时间。和以往一样，幼儿排着整齐的队伍，跟着老师去散步。

妮妮说："老师，我们今天去哪里看看呢?"

轩轩说："老师，我们可以在这里多玩一会儿吗?"

名扬说："我可以离开老师自己散步吗?"

幼儿的讨论引发了教师的思考，幼儿散步多数是按照教师规划好的路线进行的，而教师往往忽略了幼儿自由探索周围环境的意愿，忽略关注幼儿的兴趣点，让幼儿错失了更多学习和观察的机会。那么，如何在散步环节中更充分地体现幼儿的自主性呢？我们开始了一场散步的变革之旅。

一、确认散步路线图

幼儿园里那么大，有哪些地方适合去散步呢？大班的幼儿各有各的想法，我通过引导幼儿实地考察、自主讨论等，了解到幼儿园户外的萌宠馆、开心农场、运动场等都是他们喜欢去的地方。

找到了散步点，那么走哪条路线可以到达呢？我把散步线路规划的权利

交给幼儿，幼儿在前期寻找到了散步点后，线路图逐渐有了雏形。从他们设计的线路图来看，有的侧重于在散步的过程中经过点位，比如：从班级出发，经过秘密花园，再转到萌宠馆；有的侧重于各种线形的设计，例如，“S”形、“M”形等。每一张路线图的设计都体现了幼儿对散步的思考。

二、确定散步人员

有了自主的路线，那么幼儿该以怎样的形式散步呢？我们又进行了如下的积极尝试。

1.“我”是小领队

以往，幼儿的散步总是由教师带队走在前面，这次幼儿可以自荐当小领队。小领队怎样带领那么多的幼儿散步呢？

晶晶说：“大家要紧紧跟好小领队，小领队就像我们自己的老师一样。”

圆圆说：“是的，我们大家可以商量一下去哪个地方，这样就比较公平……”

通过小领队与大家的讨论，绝大多数幼儿认为小领队可以征求班级同伴的意见，通过投票选择本班级今天散步的路线，并且在散步的过程中幼儿要像跟好自己的老师一样跟随小领队散步。

2. 朋友手牵手

幼儿虽然有了小领队，但有时候在选择散步路线时，还是经常会产生分歧，再加上班级人数多，散步时小领队经常掌握不了散步的速度，经常出现等待、散乱的现象。为了解决这个问题，大家进行了讨论。

贝贝说：“我们可以把自己的姓名牌贴在想要去的那个地方，看看有哪些人和我们一样。”

妮妮说：“我可以和我的小伙伴一起散步，大家在一起散步太没劲了。”

珍珍说：“我同意，我们可以选择小伙伴。”

亮亮说："我可以找我隔壁班一起学围棋的朋友，我想和他一起去散步。"

在幼儿的讨论中，我发现幼儿都想自由选择伙伴，有的想和自己同班的幼儿一起散步，有的想和其他班的幼儿一起散步。根据幼儿的意见，我们班和一个班级进行融合。前期，幼儿先制作了一张散步计划表，随后，两个班级的幼儿可将自己的姓名牌贴在散步点的下方。这样，每名幼儿都能结合自己的兴趣，自由组队散步。同一个地点的幼儿既可以自由结伴，也可以单独行动。幼儿每天都会和不同的小伙伴相处，这在无形中加强了同伴之间的相互了解，增进了同伴之间的友谊。

3. 大手拉小手

有了这样同班、混班的散步经验，还可以和小班的弟弟、妹妹们一起散步。那么，需要注意些什么呢？有了前期的尝试，这一次幼儿思考得更为细致了。

亮亮说："我们是大哥哥，要听听小班的弟弟妹妹们想去哪里散步。"

圆圆说："散步时，我们的速度还要再慢一点。"

佳佳说："要拉好小班弟弟妹妹们的手，要不然他们找不到教室会哭的。"

我们尝试与大班的幼儿一起散步。在散步的途中，大班的幼儿像大哥哥和大姐姐一样，在每一处散步地点都能停下来，向小班的幼儿介绍，这样不仅提升了幼儿的表达能力、交往能力，还增加了幼儿的自豪感、责任心。

三、散步时可以做的事

散步就是走路吗？怎样使散步变得更有趣？结合前期的路线规划，有的幼儿表示可以像景点打卡一样，也有的幼儿说可以去萌宠馆喂小动物，还有的幼儿说可以多晒一会儿太阳，等等。幼儿对散步又有了新的认识。

1. 亲亲自然

在秘密花园里，幼儿走走停停，拾起花瓣，来一场花瓣雨；林荫小道上，幼儿捡起地上掉落的小果子，一颗颗地数着；在种植地里，为植物浇

灌，悉心照料……在散步的过程中，幼儿每天都会有不同的发现。他们积极探索，不断扩充知识面，积累经验。

2. 观察动物

自由、放松的状态给了幼儿一双双善于发现的眼睛：“哇！孔雀开屏啦！”“看，为什么它的翅膀会振动呢？”“小兔子来啦，我们一起找点青草喂它吧！”“鸭子们生了鸭蛋，会孵出来小鸭子吗？”散步时在萌宠馆的发现，引发幼儿沉浸式的思考与探究。

3. 欢乐游戏

散步时，三五成群的幼儿往往会做一些小游戏，比如：在围绕秘密花园的小路上铺满了树桩，幼儿往往会踩着树桩前行，看谁先到达目的地；幼儿园大门前的方形地砖上，幼儿一边踩着地砖，一边数着数；围坐在操场上的幼儿，沐浴着阳光，探究影子的长度；等等。

户外散步对于幼儿来说是一个很好的学习契机，自然环境中的花草树木、昆虫等无不吸引着幼儿探索的目光，自然环境中每天发生的新变化又会促使幼儿不断探索。

四、散步时需要注意的事情

1. 规划好时间

饭后散步半小时，几点开始散步？几点结束散步呢？幼儿的疑问促使大家又进行了一场思考。

洋洋说：“可以通过播放音乐进行提示。”

星星说：“我们现在刚认识了时针和分针，那就可以戴手表看时间了。”

在幼儿提出的方法中，小班、中班的幼儿可以通过音乐播放和结束的指令，在规定的时间内自主安排活动，最后有序地回教室；还可以利用沙漏作为计时工具，摆放在各个散步点位，幼儿可以通过观察沙漏的变化来掌握时间。在后期的散步活动中，随着大班幼儿对时针和分针的了解日益增多，教师可以通过尝试携带手表，引导幼儿更加自主地控制好时间返回班级。

2. 注意安全

在散步过程中，存在一些安全隐患，细心的幼儿也注意到了同伴不守规则的行为，这样容易发生危险，这使得我们在探索自主散步的道路上有了较强的安全意识。教师联动幼儿进行讨论，通过散点式覆盖，即师幼共同在每一个容易发生安全事故的地方，安排一名幼儿或者一位教师，共同参与安全护导，做一名安全监督员。

散步是一件小事，但在“集体—结伴—混班”的变化中，幼儿体验到了不一样的乐趣，体会到了尊重、信任和自由。

（吴中经济技术开发区实验幼儿园　陆奕）

第五章 开放儿童的环境

当儿童被放在自然的环境里，他会显示出自己的能力。

——蒙台梭利

引言

开放儿童的环境，关注的是儿童的发展和权利。生于苏城、长于吴地的幼儿拥有得天独厚的吴文化资源，他们走过的每一寸土地，看见的每一处风景，遇见的每一个人，品尝的每一口食物，都可能成为幼儿实践活动的环境资源。开放儿童的环境，是把幼儿园内的所有东西，包括一面墙、一棵树、一块石头都还给幼儿，让幼儿成为环境的主人，教师提供经验、材料、互动的机会，最大限度地满足幼儿游戏的需要。

除了空间环境的支持，还有对儿童精神需求的支持。万物生皆有意，悠悠吴地，山水清嘉，人杰地灵，丰富的人文资源渗透在儿童成长的每个细枝末节中。立足儿童视角，从室内到户外，从创设到互动，充分开发和利用本土资源，创设自然、温馨、有趣、多元的环境，满足儿童自主发展的需求，实现儿童的个性化成长。

我们的问题和建议

问题一 班级环境创设，需要哪些改变？

提及幼儿园的班级环境创设，一线教师第一时间想到的就是累。如果所有的环境创设都由教师一手包办，他们感到累是必然的。

你创设的班级环境是幼儿真正需要的吗？有如下问题吗？其一，是否陈列性环境过多、操作性环境不够；其二，是否空间规划合理、区域功能分明；其三，是否课程融合度不高、缺乏指向性和生成性；其四，是否幼儿主体意识不强、参与兴趣不高。如果存在以上情况，那么教师须对班级环境做出一些改变和调整。

一、从多、满、彩到适当留白

在传统的环境创设中，很多教师本着多、满、彩的原则，将班级环境布置得密不透风。这样“无孔不入”“超载式”的班级环境布置不仅大量消耗教师的精力，造成资源的无形浪费，也会在不自觉中渗透以成人为主导的审美偏好，而弱化幼儿的参与和操作，甚至让幼儿产生压抑感、倦怠感及拒斥感。因此，友好的环境需要重新关注幼儿的需求。

在实践过程中，不妨邀请幼儿一起参与讨论：目前喜欢班里的哪些布置？哪些是不需要的？然后根据幼儿的需求撤掉一些不必要的、烦琐的且华而不实的布置，从而给幼儿留下更多思考及参与班级环境布置的空间。

留白式的环境创设是一个很好的解决办法。教师可以从物理层面和心理层面进行留白式的环境创设，给幼儿留下适当的空间去创造、适当的时间去思考，让幼儿积极、主动地参与环境创设，在过程中找到自我，让班级环境创设充满“儿童性”，彰显“儿童感”，从而见证更多儿童成长的力量。

二、从注重外在呈现到关注内在互动

友好的班级环境，既不放弃对美的追求，又要进一步明确：班级环境是幼儿学习和生活的场域，所有环境创设中的材料都要遵循幼儿的认知特点，回应幼儿多层次需要，满足其审美偏好，为促进幼儿能力和经验的提升服务。因此，在班级环境的创设过程中，教师不要把过多的时间和精力用在材料的装饰和呈现上，而是要聚焦材料对幼儿发展的内在价值。

1. 让儿童的学习看得见

幼儿园班级的生活墙、主题墙、区域墙的创设，都要回归幼儿，墙上所展示的应是幼儿最原始、最朴实的思想火花，例如，幼儿的作品、幼儿的语言、幼儿的记录等这些活动中幼儿真实、自然的印记。同时，各墙面应是灵活多变的、自然和谐的，体现的是人与环境的互动，展现的是幼儿作为环境主人的积极价值。化繁为简的环境创设，舍弃的是教师多余的担忧，聚焦的是幼儿动态的成长轨迹和发展过程。

2. 让幼儿的经验看得见

区域游戏既是一种玩中学的自主活动形式，也是促进幼儿个性和谐发展的途径之一。因此，区域环境的创设更应该聚焦在幼儿与区域环境互动中经验的提升，要做到这一点，区域环境的创设就要返璞归真。一方面，理念上的返璞归真：让幼儿亲身体验，实际操作，注重为幼儿留白，关注幼儿内需，遵循幼儿的身心发展规律，把环境创设过程、活动过程还给幼儿。另一方面，区域材料的投放上的返璞归真：选用自然、真实且尽可能低结构的游戏材料，关注幼儿经验的逐步获得。

三、从单一到互动

友好的环境，是对教室环境和材料的反复思量，让环境物尽其用，并且确保发挥其最大的教育价值。在这里，需要厘清思路的是幼儿所真正需要的并不是强烈的色彩、填满的空间、复杂的装饰，而是需要能互动的、能够得着的、能看得懂的、能操作的环境创设，这样的环境创设才是最有价值的。

幼儿的世界是多彩的，幼儿的创造是无限的。只要教师做有心人，在幼儿园班级环境创设中，把握正确的教育理念，学会放手，就能让幼儿在与班级环境的深入“对话”中逐渐获得多方面的发展。

问题二 如何建构幼儿户外游戏场地？

以幼儿为本的户外游戏场地，须努力发现和满足幼儿自主探索和多样化游戏的需要。对于幼儿来说，户外场地既是游戏场地，也是与自然和谐互动、发展身心的学习场地。

1. 创设丰富多样的户外空间

设置丰富多样的游戏场地，使幼儿在多变的户外游戏场地中激发出探索的乐趣。多种类型的游戏场地，可以满足幼儿各种游戏的需求，保证幼儿游戏的多样性。如幼儿园以塑胶为主的地面，可以采用沙、石、木、草、竹等多种材料进行铺设，将游戏场地改变成不同的材质、坡度和高度的场地，以激发幼儿不断挑战的欲望。将大型的游戏设施和低结构、多用途的游戏材料组合，使游戏充满创造性和未知性。

2. 设置灵动的户外区域空间

利用树木等资源，创设自然、开放的探索空间。剔除低矮灌木，清理荒芜的角落，打造多样的游戏场地，扩大幼儿游戏的空间，支持幼儿跨区域游戏的需要。

为提高利用率，可以把部分观赏型树丛改成互动型区域。如在大树间绑上绳索形成滑锁、云梯、秋千，幼儿自由攀爬，享受游戏的快乐与挑战等。

为保障幼儿充分、自主地探索，需要做到两个“无”。一是无固定功能（打破划分，创设自由、自主的游戏环境，按照意愿选择内容）；二是无固定材料（幼儿自由选择，大胆使用材料，提高游戏的创造性）。

改变以塑胶地、平草地为主的户外地面环境，通过改变材质、高度、坡度等地面特征，让幼儿获得多种感受，如五彩小路、洞音山坡、创意空间等。以“趣味泥坑”为例，有效将沙、水、泥融于一体，幼儿可以春天捉蚯蚓，夏天打水仗，秋天铺落叶，冬天挖宝藏。满足幼儿各种游戏的需求，激发幼儿的想象力和创造力。

3. 设置主动探索的户外材料空间

幼儿园户外环境可以按不同功能分为四大区域（表 5-1）。

表 5-1　幼儿园户外环境四大区域

名　称	内　容
运动区域	涵盖走、跑、跳、钻、爬、平衡、投掷等基本动作和运动能力的区域，满足幼儿多样的运动需要
游戏区域	根据幼儿园的实际和幼儿的需要，构建创意空间、奇妙山坡、萌宠乐园、儿童之家、农家小院、奇幻沙池、趣味泥坑、童话树屋、野战营地等
种植饲养区域	七彩田园、芽芽菜园、空中花园、小动物乐园等，自然融入幼儿的游戏场
留白区域	愿景墙、涂鸦墙及留白区，供幼儿大胆创想

以上四个区域，应把主动权交给幼儿，让幼儿根据自身的兴趣和阶段性发展需求参与到户外区域的创设过程中。教师应当打破游戏场域的功能和材料划分，避免因为功能分区、材料限制而造成游戏场地使用受限的情况。

户外游戏场地的适宜性、趣味性，幼儿在游戏时最能感受到。教师需要更多地观察幼儿在其中的游戏表现，根据幼儿的实际需求进行场地和材料的调整，以更好地适应幼儿在游戏中探究和学习。

问题三　如何打造适合幼儿的室内公共环境？

幼儿园室内公共环境，一般由门厅、走廊、楼梯、活动专室等组成。室内公共环境不仅承担着整个幼儿园的交通功能，同时也具备教育和游戏的功能。如何打造适合幼儿的室内公共环境？

一、基于空间，规划室内公共环境

大厅在环境创设上应重视其安全感和归属感。教师不妨与幼儿一起依据四季交替的特征，结合各种节日，用幼儿喜爱的方式进行环境布置。走廊是连接室内和室外的通道，是教室的拓展与延伸，教师可以充分利用走廊的地面、墙面、空间等环境，从儿童视角去创设一个趣味十足的幼儿园走廊环境。楼梯包含楼道和转角，楼道作为通行要道，在创设中确保安全性是首要考虑的。教师可以根据幼儿的想法，将宽敞的转角创设成幼儿喜欢的、充满趣味的幼儿园楼梯环境。专用活动室作为幼儿园室内公共环境中必不可少的一部分，在空间布局上不能采取一览无余式、便于教师管理式，而须充分尊重不同年龄幼儿开展游戏与探索时对互动性、私密性的需要。

根据公共环境自身的空间特性与幼儿之间的联系，进行空间布局和环境规划，让幼儿在公共环境活动时，能体验到游戏的快乐。

二、对话幼儿，调整室内公共环境

1. 打造适合幼儿的公共区域

在打造公共区域时，需要根据幼儿实际的游戏活动情况，对幼儿园的公共环境进行立体、多维的调整。例如，走廊的悬挂物需要考虑幼儿的身高，满足幼儿阅读与探索的需要。注意用美的方式呈现材料，激起幼儿探索的兴趣等。

2. 将公共墙面还给幼儿

在公共墙面创设的过程中，不妨蹲下来，跟随幼儿的视线，一起去看一看幼儿园的公共墙面，一起聊一聊幼儿的心中所想，从而知道幼儿从这些墙面上可以看懂什么、读懂什么，再跟随幼儿的眼光和他们的兴趣进行调整。另外，公共墙面布置要为幼儿提供一些展示自己的空间，这样幼儿的参与度会更高，可供幼儿谈论的话题会更多，幼儿与墙面的互动频率也会提高。

三、结合游戏，完善室内公共环境

游戏是幼儿最喜欢的活动之一，在幼儿园室内公共环境创设中，联系幼儿的游戏体验进行完善，使其更满足幼儿的需求，发挥环境创设的最大作用。首先，在材料的投放方面，应多使用低结构材料，提供给幼儿玩乐和探索的机会。其次，不同活动区之间应该是开放、互动的，这样，使得幼儿也能够在多样游戏中获得真正的锻炼和发展。只有重视幼儿园室内公共环境的欣赏性、实用性与互动性、游戏性的结合，才能让幼儿既能获得审美体验，又能提高认知与技能，从而使室内公共环境变得更有意义，更具有教育性。

幼儿园室内公共环境的利用与创设，为幼儿开辟更加广阔的游戏空间。综上所述，创设幼儿室内公共环境要遵循巧、合、变的原则，即巧用现有空间环境，遵循幼儿立场；整合幼儿兴趣爱好，满足幼儿的成长需要；变化游戏形式，提升有效互动。

问题四 如何创设探究性的区域活动环境？

环境是幼儿园的第三位老师，是非常重要的教育力量。“环境”一词有许多含义，有些人认为环境仅仅指一个物理空间，其实环境的内涵是丰富的，环境不仅可以认为是一个建立关系的地方，也可以认为是一个激励成长的空间。因此，我们需要珍视幼儿的发展需要，创设一个支持幼儿合作、探究的环境。幼儿园的区域活动，深受幼儿喜欢。幼儿园常见的区域活动包括美工区、建构区、科学区、扮演区、阅读区等。

探究性的区域活动环境，是一种“会说话”的环境，主动邀请幼儿参与到活动中来，会跟随幼儿的兴趣需要发生变化，让幼儿成为热情、主动的学习者。如何创设探究性的区域活动环境?

一、开放环境，给予幼儿自主探究的空间

专家指出，高质量的区域活动环境，应具有开放性和探究性，营造像家一样的环境，增加幼儿的归属感和掌控感。具体应根据不同区域合理规划教室空间，清晰的区域分界和连贯的通道，提供舒适的玩具柜和各种座椅，有可共处的空间，也有独处的空间，区域中陈列幼儿的作品和幼儿收集的物品。开放的环境，幼儿是可以参与和改变的，以便于幼儿根据自己的发展需要自主选择活动方式和内容。

幼儿需要舒适感和安全感。幼儿园区域活动环境色彩，不能花哨，须协调，具有美感。用软装饰（如地毯、抱枕、桌布、绿植等）美化环境。创设开放、温馨的区域活动环境，使之同幼儿更亲近，支持幼儿自主学习。

二、更新材料，推动幼儿的探究进程

在材料丰富的区域活动环境中，幼儿更容易投入独立自主的学习中。要支持幼儿探究，首先要使区域活动环境“活”起来，既要注意区域材料的不断更新和延伸，又要发掘或导入各种互动的要素。

提供丰富、有趣且能产生互动的区域材料。要让幼儿与材料互动起来，必须让材料富有吸引力，被幼儿看见。在区域中投放各种低结构、多功能及可随意组合变换的材料，使得区域环境创设的动态变换性和活动的挑战性更强。幼儿可以在这样的环境中凭借自己的丰富想象力去创造、组合、变换、移动各种材料，同时也不断丰富自己的经验，满足自己发展的需要。教师应观察幼儿的实际操作，了解他们喜欢哪些材料，容易忽略哪些材料，再根据观察向幼儿提供他们需要的新材料，以支持幼儿全面深入地探究。

提供充足的探究时间。有趣的材料一下子能吸引幼儿去摆弄和玩耍，但同时幼儿需要充足的时间去探索材料的各种可能性，验证自己的想法。幼儿往往喜欢一遍遍地重复一些行为，直到满意，然后开始新的探究。这需要教师给予幼儿充足的时间，不要随意打扰正在专心探究的幼儿。

三、鼓励质疑，激发幼儿思考和进一步探究

幼儿天生具有好奇心，教师需要保护好幼儿宝贵的好奇心。教师需要创设这样的支持环境：幼儿的问题和想法得到珍视，教师积极回应幼儿的问题和想法，鼓励幼儿大胆地用不同的方式进行探索。

在区域活动中，幼儿如果能够感受到自己的想法、面临的挑战是有回应和获得支持的，他们就会更主动地探索和尝试。在班级中，每名幼儿都是不可或缺的，每名幼儿都有自己的思考。教师需要综合考虑自己的想法和幼儿的想法。同时，教师要非常关注幼儿之间的互动，有意识地帮助幼儿了解其他幼儿的想法，引导幼儿倾听别人的观点，互相展开讨论，共同解决问题。

在区域活动环境的创设中，支持幼儿开展主题探究活动，将幼儿在活动过程中的种种创意和表征以多种形式记录，并呈现在班级中，使区域活动环境随着探究的扩展不断丰富。

我们的案例

案例一　把大山搬进幼儿园

苏州太湖国家旅游度假区舟山实验幼儿园（以下简称“舟山实验幼儿园”）坐落在太湖之畔、穹窿山脚下的一个美丽的乡村，园内很多幼儿就住在大山附近，在园内眺望可以隐约看见大山的轮廓，节假日的亲子出游也经常是攀登大山。大山是幼儿钟爱的旅游之地。

基于幼儿的兴趣，我们决定对大山进行一次大规模的调查。幼儿用图画的形式记录自己想要探究的问题，并从中选出了三个最想探究的问题：幼儿园后面的山叫什么名字？幼儿园周边还有什么山？大山里藏着哪些故事？幼儿在家长的帮助下通过采访村里的老人、查询书籍、检索网络等方式收集信息，然后分享各自的调查结果。在调查过程中，追随幼儿的兴趣点，以幼儿为主体探究问题，支持幼儿采取多种形式解决问题。

一、探秘大山

随着讨论的深入，我们决定带领幼儿走进大山、探秘大山。活动开始前，我们对周围的大山进行了资源的探索和环境的探勘，提前踩点，规划好进山的路线，确保进山活动安全、有序地进行。教师与幼儿围绕“进山前应该做好哪些准备?”这个话题展开了讨论，在取得家长的同意后，教师带领幼儿走进了大山。幼儿在山中不仅仔细观察和记录了山中的野木耳、小蚂蚁，还将一些可携带的自然资源带回了幼儿园。在保证安全的前提下，以多种形式支持幼儿参与户外实践，与自然资源零距离接触。

（1）参加山货鉴赏会

在山货鉴赏会上，幼儿通过看一看、摸一摸、说一说的方式，对比不同果子的形状、大小，感受树皮粗糙的质感等。幼儿需要在实践探究、动手操作中获得更多的经验。

（2）植物专家来帮忙

为了帮助幼儿从专业角度梳理经验，丰富知识，我们邀请苏州科技大学植物方面的专家王金虎教授一起进入大山，与上次不同的是，这一次幼儿不仅了解了很多植物的专业知识，对植物的观察也更仔细了，能够注意到植物的形状、颜色、气味等更多细节。当探究触及专业的领域时，可寻求周围专家的帮助，从专业的视角带给幼儿更全面的知识体系和思考方式。

（3）创设大山博物馆

追随幼儿的需求，在幼儿的提议下，决定创设属于幼儿的大山博物馆。针对博物馆的创设，幼儿从场地设计规划、场馆设置、场馆内容布置等多个方面进行探讨、调查、投票，最终将博物馆设置在户外的公共走廊，博物馆分为“奇妙种子分馆”“枝枝丫丫分馆”“飞行分馆”三个分馆。从收集材料、选址分区，到摆设物品、设计活动，幼儿都乐在其中。

在奇妙种子分馆，他们将从山上收集到的各类种子进行了分类，为种子制作了一对一的标签卡，并录制了介绍种子来源的视频。

在打造枝枝丫丫分馆时，幼儿提议增加榔头、尺子、麻绳等修剪枝条的工具，用锯、敲、钻、绑等方法将树枝、松果等自然材料做成了一件件独特而有趣的艺术品。

在飞行分馆，有的幼儿将自己珍藏的飞机模型带来展示，我们也在场馆中提供各类材料供他们自行搭建创意飞机，一展自己的航天梦……

二、在幼儿园里“造”座大山

在参观博物馆时，有的幼儿提到要是他们幼儿园有座大山就好了，这引起了其他幼儿的兴趣。把山搬进幼儿园？具体该怎么做呢？

（1）测量空地

首先，确定地点，幼儿分小组在幼儿园各处勘察地形、商量适合的地点。根据投票结果，幼儿将地点选在了一片小树林里的空地上。其次，测量

空地的面积，幼儿想出了各种方式去测量，包括尺子、绳子等工具，甚至借助树枝等材料。最终，幼儿得出了结论：用尺子量的长度是4.5米，宽度是4米；用脚丫绕场地一圈需要走31步。创设户外环境，也是幼儿主动学习的机会，幼儿可以将数学等相关领域的知识融入对环境的创设中，形成整合性的经验。

（2）堆建小山坡

堆建小山坡需要大量的泥土和石头，幼儿决定请爸爸妈妈也参与堆建小山坡的活动，将周末爬山时带下来的泥土和石头带回幼儿园。幼儿在共同堆建小山坡的过程中，发现并总结了不同工具的用处，比如：小锄头可以用来刨开泥土，使用时需要花费很大的力气；小铁耙可以用来翻松泥土；小铲子可以铲到一大块泥土，但也会不小心把小蚯蚓等带出来。另外，幼儿也对泥土的重量、软硬、粗细、湿度等有了更深的认识。

（3）装扮小山坡

小山坡建好了，但小山坡上光秃秃的，于是幼儿通过播种种子、种植小树进行装扮，还用扭扭棒、吸管等材料搭建了电线塔和宝塔。完成后，幼儿共同为这个小山坡起名为“小舟山”。在“小舟山”上，幼儿不仅聚在一起探究植物，还会捏泥球，观察蚱蜢、蝉之类的小昆虫。“小舟山”就像大山

的缩影，既是幼儿一系列探索的象征，也是幼儿创设户外环境的重要里程碑。

（4）守护大山

幼儿从“小舟山”上的一个塑料袋，联想到可以为保护大山做些什么。我们将自制的“保护大山”的宣传单张贴在村里的公告栏上，并把“保护大山”的宣传牌放置在大山的入口处，希望能呼吁上山的人们爱护大山，爱护山上的一草一木。

《幼儿园教育指导纲要（试行）》指出，环境是重要的教育资源，应通过对环境的创设和利用，有效促进幼儿的发展。在从讨论大山、走进大山、认识大山中的宝贝到打造山珍博物馆、建造“小舟山”的过程中，我们让幼儿与丰富、多元的自然材料不断互动，并提供多元化的支持，最大化地利用自然资源创设幼儿园的户外环境。

（舟山实验幼儿园　胡倩　范荔甜）

案例二　让走廊“活”起来

幼儿园走廊，是公共活动的区域，是连接门厅和教室的主要桥梁，是室外场地与室内环境的重要通道，也是幼儿与同伴交往互动的良好场所。幼儿园基于园所构造，充分利用走廊价值，发挥其流动性高、延伸性强、互动性好等空间特点，充分开拓活动场域，让走廊“活”起来。

一、一廊多用，走廊也精彩

走廊空间之“活”，体现在空间的多用上。幼儿园空间较小，若将走廊作为固定用途的场所，则无法满足幼儿多样化的游戏需求，因此，幼儿园走廊采用了一廊多用的模式，给幼儿创设灵活多变、能满足多样化游戏需求的空间环境。比如：三楼走廊中的平台既可以作为幼儿游戏表演的小舞台，又可以作为建构的游戏场地。二楼的竖走廊作为幼儿成果展示及体验的地方的同时，兼顾幼儿的运动场所。

在走廊中，通过物品组合也可以实现空间上的“活”。在走廊中添置了不同类型的储物柜，幼儿可以根据自己的需求进行排列组合，比如：当幼儿游戏时需要一个舞台，则可以通过推移柜子进行灵活搭建。当遇到下雨天需要进行室内运动时，这些柜子则可通过和别的材料的组合变换来满足幼儿体能锻炼的需求。储物柜也是一个个灵活的“资源库”，幼儿可将收集而来的材料分门别类地装进储物柜，如同神奇的“百宝箱”，当有需要材料时，打开储物柜就可以找到想要的材料。

感官发育在幼儿成长中扮演着重要的角色，幼儿的成长离不开视、听、嗅、味、触，也就是我们常说的“五感”的刺激，我们在打造廊道空间时也进行了“五感”尝试。比如：能涂鸦与触摸的墙面，以及角落摆放一些音乐器材，可以发出响声的生活物品与实物等，创造条件让幼儿及时、即兴地创造、表达与体验。

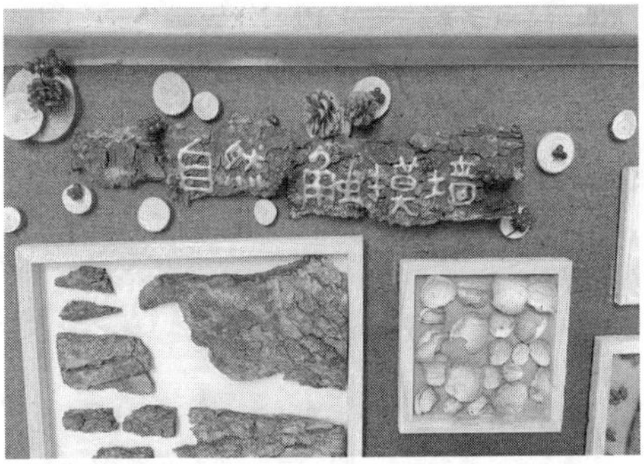

走廊也是幼儿探索的主要场地，可以有效拓展教室的有限空间。例如，“小小造纸家”活动，班级科学区空间有限，造纸实验周期又很长，容易影响其他科学探究活动的进行，将探究场地拓展到三楼走廊后，幼儿活动空间大大增加，探究行为也更加灵活、自由、开放，幼儿的奇思妙想也源源不断地冒出来。

基于儿童立场，幼儿园在空间上采用延伸动线、一廊多用的方法，发挥优势，弥补局限；在材料上结合“活教育”理念，以文化“活”、科技“活”为主题投放适宜性材料，让幼儿真正动起手来；在课程上，以走廊为科学探究的延伸主场地，让活动在此不断生发和延伸。

二、长廊微循环，雨天也运动

《3—6 岁儿童学习与发展指南》中指出：幼儿每天户外活动时间不少于 2 小时，体育活动时间不少于 1 小时。在冬季严寒、夏季酷暑及风雨、雾霾等特殊天气条件下，如何保证幼儿每天的活动量呢？充分挖掘廊道资源，开展运动游戏，让幼儿雨天也运动起来。

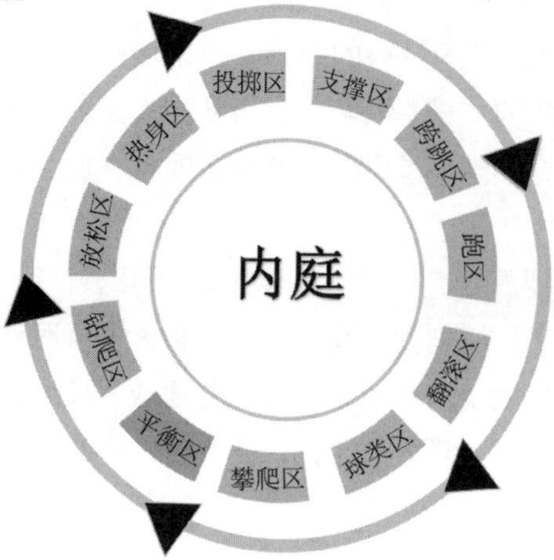

1. 整体规划，全面布局

廊道运动空间有限，如何保证每一名幼儿都有机会参与到游戏中呢？必须通过合理地规划场地路线来解决。在设计循环路线时，充分利用教室、楼梯、室内过道等，考虑到走廊、楼梯的特点，将这些空间设计成单向循环路线，在路线中设置具有一定挑战性的运动项目，比如：走、跑、跳圈、攀爬、走平衡木、绕障碍物跑等。整个循环路线须将园内场地、运动设施设备等有机整合，从而确保循环路线中运动项目的全面与均衡。

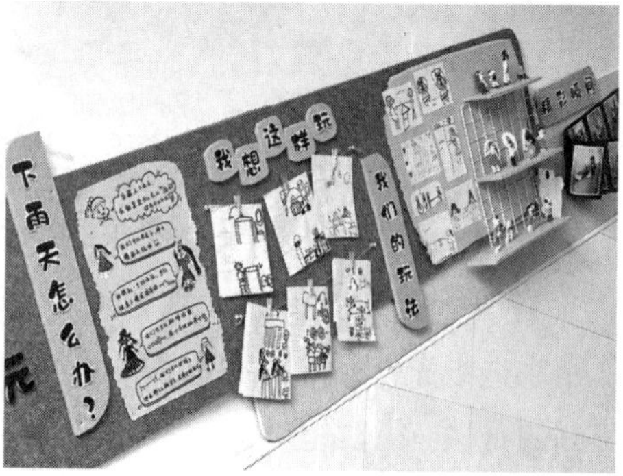

2. 活用长廊，开放空间

同样的器械可以设置在不同的空间，同一个空间也可以设置不同的器械，充分满足幼儿的运动需要、教师的支持需要。“活”用长廊，主要体现在以下一些方面：空间位置活，种类样式多，组合变化多。以攀爬区为例，室内走廊中可以在天棚、横梁位置，设置垂吊、悬挂的绳索，与运动器械之间形成新的运动空间，利用教室内墙面、阻隔位置的特点，打造嵌入式通道，划分、连通多个运动空间，以实现区域之间的有效串联。

3. 巧设图标，循环游戏

廊道运动过程中，会出现转弯、分叉等不同的路线，如何让幼儿明白场地的使用和路线呢？

根据幼儿的实际需要，利用图标，布置在走廊活动场地上。在分岔口，摆放相应的图标。游戏前，和幼儿一起制作图标，图标要直观清晰，并让幼儿了解其意义。同时，幼儿也可以参与绘制路线标记，在设计的同时了解活动的玩法与内容，为顺利开展循环式廊道运动游戏打下基础。

环境具有无声的力量，既是教育的背景，也是教育的手段，同时又是教育自身。走廊资源的挖掘和活用，充分激发了幼儿游戏的天性，在与这些走廊的亲密接触中，自由、自主、愉悦、创新的游戏精神得以淋漓尽致地展现。

（吴中区碧波实验幼儿园　翁凤萍；吴中区龙潭实验幼儿园　邢洁）

案例三　我们的停车场

随着幼儿搬入新园，“幸福事”“麻烦事”接踵而来，这些“幸福事”“麻烦事”让幼儿初入新园的日子变得更加有滋有味。“迷路了怎么办？”“我们的停车场”等活动的开展则让幼儿与新园的关系更为密切。

在“我们的停车场”活动中，“小车好混乱！”引发了幼儿整理车的想法，在整理车的过程中幼儿有了切身感悟：“我们都那么难排，弟弟妹妹可怎么办呢？”于是，在教师适时的引导下，师生共经历了“停车场我知道→停车场我来设计→停车场还是乱，怎么办？”三个阶段。

第一阶段：停车场我知道

超超说：“我们幼儿园的负一楼就是停车场，我们还没去过，可以去看看呀！”于是我们一起来到幼儿园的地下停车场一探究竟。

教师说：“幼儿园的地下停车场是什么样子的呢？我们一起去看看。”

多多说：“有很多一格一格的车位，车子一排一排，停得很整齐。”

超超说：“幼儿园的停车场好大啊！车位多的数也数不清了。”

奇奇说：“里面有栏杆隔着，表示那是人走的地方。”

嘉莹说：“车位上有数字。”

老师说：“车位上的数字表示什么意思呢？”

楠楠说：“我知道，是表示第几个车位。这上面是 10，就表示第 10 个。”

老师说：“那看看这里可以停多少辆汽车。”

…………

幼儿兴奋地找着，在找的过程中他们还发现柱子的防撞和警示标记，部分墙面被刷成绿色、橘黄色等。同时，教师也发动家长带幼儿去看小区周边的车位。家园配合，让幼儿积累更多关于停车场的知识。幼儿知道停车场要有动线标记、安全指示等。

第二阶段：停车场我来设计

为幼儿园的玩具小车设计一个停车场的活动开始了。

1. 明确停车场的位置

幼儿通过实地观察，发现2号场地旁边的连廊下比较合适，因为连廊上面有顶，这样人不容易淋到雨。

2. 明确停车场的停车数

幼儿提出可以先分类，然后数数每种类型的车有多少，就可以知道需要画多少个车位。

幼儿三五成组，一边数一边记录，相互调整，很快把小车有多少种类型，每种类型有几辆车弄明白了。

3. 明确停车场的形式

对幼儿而言，太常规的停车场可能不能满足他们的需要，于是幼儿开始了自己的独特设计。

超超说："我设计的停车场两边都可以停车，中间是可以开车的马路，上面还有人行道。在停车场，车子不能开得太快，我画了一个'4码'的标记来提醒大家。"

凡凡说："车有的大，有的小；车位有的长，有的短。"

怡然说："我写个'4'贴在滑板车上，这样小朋友就知道要停在4号格子里了。"

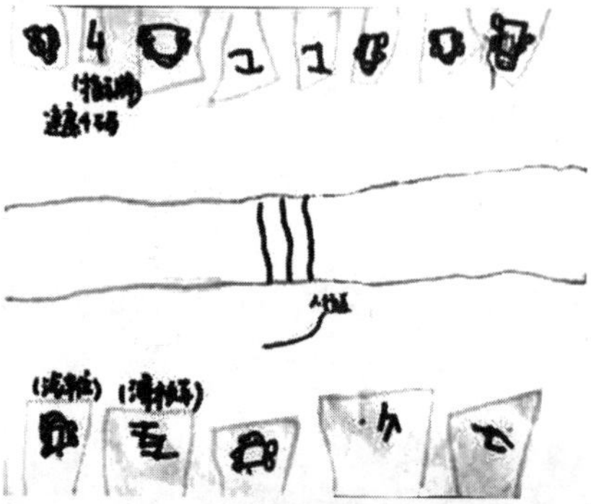

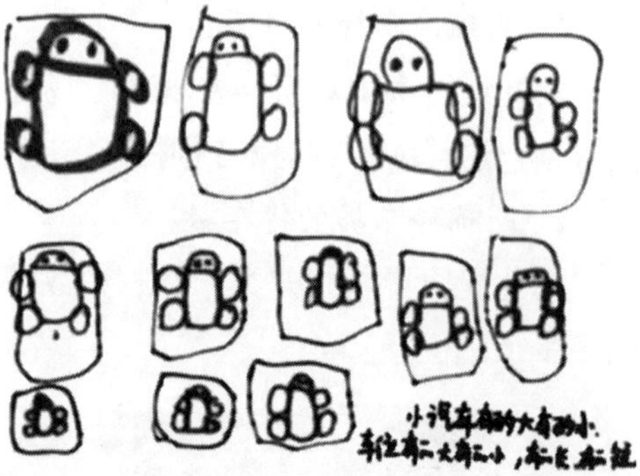

牧谣说："我们设计了彩虹车位、小猫车位……希望大家都喜欢。"多多说："停车位上有车牌号，通过车牌号就知道小车该停哪里了。边上是个'左转弯'的标记，告诉大家出口在哪里。"

从幼儿的设计稿可以看出：幼儿积累的有关停车场的经验越来越丰富，幼儿根据汽车的大小来设计合适的车位，增加了限速标识、进出口标识等。

4. 确定车位的大小

教师问："要想知道车子的大小，可以用什么办法呢？"

桃子说："爸爸的皮带很长，可以量车位。"

玥玥说："我们家的尺子软软的，卷起来圆圆的，可以带过来量小车。"

萱萱说："我可以躺在地上，你们量量我，就知道汽车有多长了。"

多妹说："我们带来的绳子可以测量。"

幼儿用皮带、尺子、绳子……量小车，发现用尺子量最直观、最便捷。

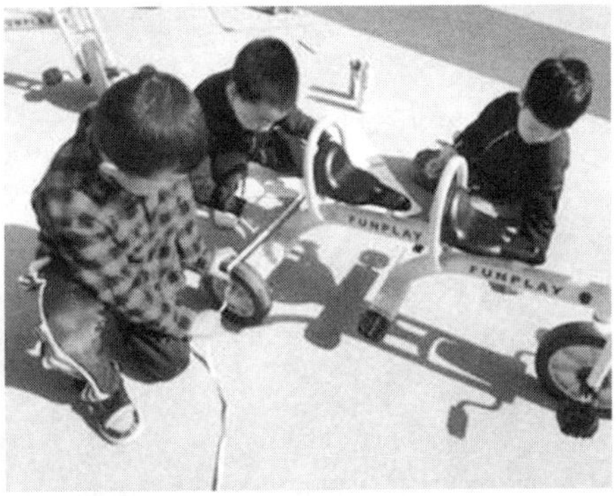

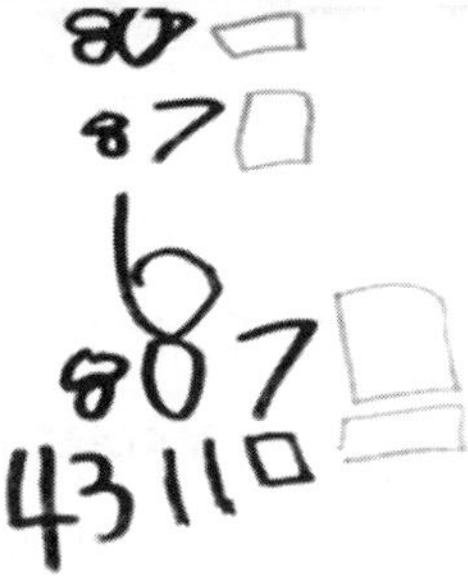

5. 开始画车位

车位量好以后，就可以动手画了。我们和幼儿一起观看了一段视频，了解工人叔叔画车位的方法。看完视频后，幼儿提出了困惑：“他们没有画线的机器，那怎么来画车位呢？如果他们用手画，就会画不直！”

“你们有没有注意到视频里的叔叔用了什么工具？”经教师提醒，幼儿想到用皮筋沾上面粉，将皮筋拉直一弹，就能弹出直直的车位线了。于是，我们去材料室领皮筋、粉笔，到厨房要了一些面粉，在场地上分组尝试画车位。我们还发现场地上的砖的长和宽分别是20厘米、10厘米。如果小车的车位宽是50厘米，就可以数5块砖，做好标记，然后两位小朋友分别拿两块积木将皮筋固定住，一个幼儿来“弹棉花”，将面粉弹到地面上，再用粉笔进行加粗。车位线画好后，需要增加牢固度，我们就用废旧地胶制作了一个画车位线神器，幼儿用丙烯颜料进行加固。幼儿一边画车位线一边夸教师做的画车位线神器好用。

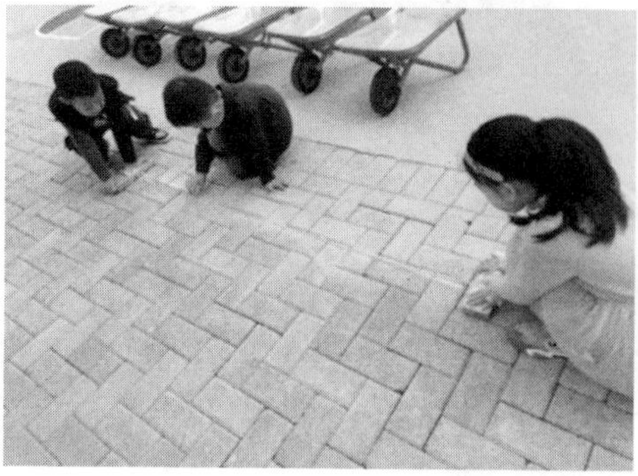

画车位对大班幼儿来说是有一定难度的。就像幼儿所担忧的那样：怕画不直，不知道画哪里，不知道画多大……于是，教师和幼儿一起开展了量小车、学习画车位线的方法等一系列活动，帮助幼儿积累经验。教师提供的画车位线神器，也让幼儿顺利地画好车位。在这个过程中，幼儿所收获的不仅仅是如何画车位，更重要的是习得解决困难的方法。

6. 在停车场做标记

车位画好了，根据计划给停车场的汽车制作车牌，给车位画上小标记，在柱子上挂上和活动区一样的提示牌。

（1）制作车牌

幼儿按照之前统计的数量编写好车牌号，打好洞后，用扭扭棒将其固定在车上。

（2）画车位小标记

教师将幼儿设计的车位小标记刻成“模具”，幼儿用丙烯颜料在车位上涂鸦。

（3）挂提示牌

宋宋提出停车场需要有像班级里的活动区一样的规则和提示牌。于是，幼儿行动起来共同设计停车场小提示，并画在油画布上，将其挂到了停车场边的柱子上，提醒每个停车的小朋友该怎样做。

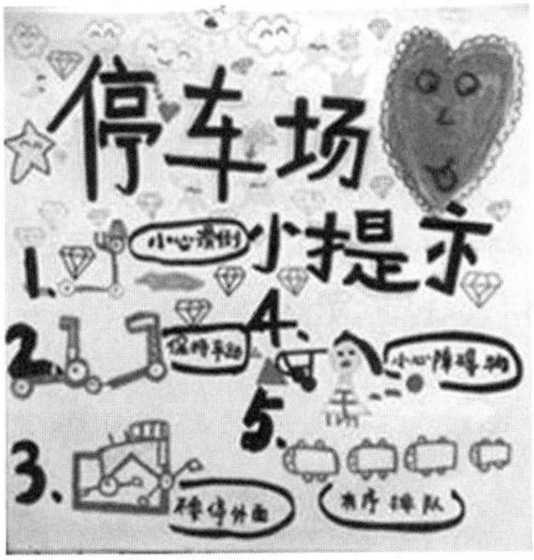

幼儿在给小车画车位的过程中发现了问题，于是大家迁移经验，共同商讨并制定了停车场的各种标识。幼儿用实物与标识一一对应的方法停放小车，感受到生活中数学的用处和趣味。大家给停车场设计安全标志、画停车场小提示，共同为停车场创设了一个安全的环境，增强了大家的安全意识。

7. 给停车场取名

在聊停车场的时候，幼儿看到很多大型商场的停车场都会有对应的名字。于是，幼儿也提出要给停车场取名字。经过小组讨论，分别叫大小停车场、AB 停车场、南北停车场、爱心停车场、星星停车场、银杏叶和彩虹停车场。有的是从停车场的位置，有的是从个人喜好，有的是从停车场周围的代表物出发为停车场取名的。随后大班组幼儿投票，最终银杏叶和彩虹胜出，并亲手绘制了停车场名牌。

在给停车场取名后，幼儿通过投票、唱票选出自己喜欢的停车场名字。在自己班级投票、唱票时大家用目测的方法一下子就看出来哪两个名字的票数最多，但是三个班级投票后，票数很多，而且贴得比较混乱，选择起来就有一定的难度了。后来，幼儿群策群力，采用数数加做标记和连成一串再数的方法，很快就选出了得票最多的名字。

第三阶段：停车场还是乱，怎么办？

车位画好了，停车标记和停车场名牌也制作完成了，小车也都整整齐齐地停进了车位，但是其他班级的幼儿玩过之后还是有乱停车的现象。于是，幼儿在分析原因后又行动了起来。

方法一：制作宣传单

教师和幼儿一起把绘制好的温馨小提示和班级照设计成了一张宣传单，送给其他班的教师和幼儿。有的现身说法直接给弟弟妹妹做宣传，有的关照教师一定要告诉小朋友。

方法二：大带小体验活动

因为小班的弟弟妹妹年龄小，不太会看标记，大班幼儿打算邀请他们去停车场参观和体验。于是，孩子们制作了邀请卡，邀请弟弟妹妹去参观停车场，并向他们介绍了停车方法。一场大带小的停车场体验活动开始啦！

方法三：做光荣的值日生

在开展制作宣传单和大带小体验活动后，幼儿发现还是有小车没停整齐。幼儿说班级里有午睡值日生、餐点值日生，也可以有停车场值日生，于是又想到要轮流做停车场值日生。

当幼儿发现小车还是没有停整齐时，提出了一些办法来共同维护停车场的次序。在此过程中，幼儿增强了责任心，学会和弟弟妹妹友好相处。

基于教师和幼儿发现小车停车场乱停车的现状，一起想办法，利用观察、调查等方法，努力解决遇到的问题，获得了成就感。而教师在这个过程中也开始慢慢跟上了幼儿的节奏，感受到了幼儿的力量。

晨曦中，新园户外场地上满满都是幼儿快乐游戏的身影。在这片场地上，大家还有什么新的发现呢？让我们一起期待幼儿更多的故事吧！

（吴中区宝带实验幼儿园　陈伟琴　周滢婷）

案例四 倷好！宝带桥——基于儿童视角的区域环境创设

在午后阅读的时间，幼儿翻看着纯纯带来的新书《大运河上月亮船》。纯纯和瑶瑶指着书上的桥，兴致勃勃地说起了幼儿园周围的宝带桥。幼儿园就在宝带桥边，教师思考、探索、尝试着怎样从大运河文化中帮助幼儿寻找与他们生活经验相关的连接点。于是，宝带桥成了最好的连接点；聚焦大运河上的宝带桥，鼓励幼儿去宝带桥上走一走、看一看。

参观时，幼儿用相机拍下了他们眼中最美的宝带桥；用画笔画下了他们心中最爱的宝带桥；坐在石桥边，触摸真实的石桥，用心跟石桥“对话”，感受宝带桥的过往，感受古代劳动人民的智慧。

幼儿从不同角度感受、欣赏宝带桥的美。“大石花”“石狮子”，还有像彩虹一样的宝带桥，让幼儿初步感受到了它们身上所具备的跨越时空的永恒美感，触发了幼儿的奇思妙想。

一、成立宝带桥工作室

幼儿的宝带桥摄影和涂鸦作品凸显了宝带桥的艺术特点，既然这样，不妨结合各种美术创作形式，把宝带桥工作室搬进班级，为幼儿的奇思妙想提供实践的可能性。

这里不仅提供了丰富多样的美术材料，还有不断更新的工具性材料和辅助性材料，旨在鼓励幼儿用个性化、多元化的表征方式来表达对宝带桥的理解、想象与创造。

线描宝带：用最普通的马克笔在牛皮纸上绘出幼儿和宝带桥的故事。

蓝晒宝带：用蓝晒法表现宝带桥的古韵。当艺术的美和宝带桥的美相遇时，一切都是那么美好。

宝带纹理：用陶泥来表现宝带桥独特的纹理。当幼儿用陶泥将从不同角度观察到的宝带桥表现出来时，呈现出一个个精美的艺术品。

百变宝带：用黏土与刻画相结合的形式，呈现出宝带桥和周边的生活景象。

这是一场艺术和美的盛宴，幼儿在与材料的互动中，表达着对宝带桥的爱。

二、大运河集市开张了

《3—6 岁儿童学习与发展指南》中指出，展示幼儿的作品，鼓励幼儿用自己的作品或者艺术品布置环境。幼儿是大运河集市的主人。

大运河集市在幼儿的创作中慢慢变得丰富，幼儿布置和装饰集市：在货架上铺上蓝印花布，用他们喜欢的方式将艺术品摆放在货架上，亲手制作价格小标签，有创意地用蔬菜做了宝带桥印章……在幼儿的共同努力下，大运河集市开张了。大运河集市还原了幼儿对于宝带桥的理解，表现了在艺术创作中的深度学习成果，呈现了他们对艺术和文化的独特思考。

三、大运河剧院开幕了

幼儿对宝带桥的爱在大运河剧院中继续延续。《3—6 岁儿童学习与发展指南》中指出，运用幼儿喜闻乐见和能够理解的方式激发幼儿爱家乡、爱祖国的情感。随着宝带桥课程的开展，将大运河文化与儿童戏剧相结合，让幼儿更深层次地感受大运河文化的教育意义。

幼儿在设计稿上设计了自己心中的大运河剧院。粉墙黛瓦的背景是幼儿亲手画的，大运河上的宝带桥是幼儿用积木亲手搭建的，大运河上的船只是幼儿自己做的……在讨论和创作中，大运河剧院呈现出了幼儿想象中的样子。

大运河剧院的内容源于幼儿带来的绘本《大运河上月亮船》，教师同时也鼓励幼儿发挥想象力，创编出属于自己的绘本。

1. 角色的创生

幼儿一起讨论绘本中的角色，在幼儿的奇思妙想中，又诞生了很多新的角色：兔小囡的好朋友、宝带桥的石狮子、宝带桥集市上的小商人等。这些角色的创生使幼儿能积极投入戏剧活动的创新中。

2. 情节的创生

在剧本创生的过程中，情节的设置不再只局限于绘本中的情节，很多情节都建立在幼儿对故事理解的基础上，一场以“兔小囡”为主题的剧本创作比赛开始了。幼儿拿起画笔，画下了兔小囡的故事，为剧本增添了许多生动、有趣的情节。在分享环节中，幼儿共同讨论，将合适的情节展现出来，从而感受从想法到付诸实践的过程。

从剧场的环境创设到剧本的创编，再到排练和舞台的呈现，幼儿全程参与其中，这让他们对宝带桥周边的资源有了进一步的了解，也是对大运河文化的一种传承。

《3—6岁儿童学习与发展指南》中指出，适宜的环境对幼儿的学习与发展至关重要，成人要为幼儿创设积极的、富有支持性的环境，让幼儿在与环境的积极互动与主动探索中获得有益的经验。环境创设的灵感应源于幼儿。从幼儿视角出发，与幼儿对话，倾听幼儿心声，鼓励幼儿参与到环境的创设中来。同时也要注重幼儿与环境的互动，鼓励幼儿在环境中完成自我创造，在自我创造中不断成长。

（吴中区宝带实验幼儿园　娄旸）

第六章 携手儿童的成长

学校必须与家庭取得联系。学校和生活的一致，家庭生活和学生生活的一致，是儿童时期完善教育的首要和不可少的条件。

——福禄贝尔

引言

幼儿园和家庭是影响幼儿发展最主要的两大环境，因此，幼儿教育需要家园双方目标一致、密切配合、互相协调、共同承担。家园只有同向、同步形成教育合力，才能有效促进幼儿发展。倾听和支持，让幼儿园关注家庭的动态，聆听多元心声，优化思辨能力；理解和配合，让家庭融入幼儿园的管理，聚焦幼儿发展，互助、互动，共同提升；沟通和交流，让家园真诚相待，以爱之名携手同行，共同见证幼儿的成长。

家园共育，是衡量高质量幼儿教育的重要指标之一。家长是幼儿园重要的合作伙伴，应本着尊重、平等、合作的原则，争取家长的理解、支持和主动参与。

我们的问题和建议

问题一 幼小衔接，究竟应该怎样衔接？

幼小衔接，越来越成为大家关注的焦点。家长在孩子进入大班之后，往往会焦虑孩子未来能否适应小学的生活，困惑是否要让孩子提前学习小学的课程内容。幼儿园教师也开始思考：幼小衔接大班下学期才开始吗？常规开展的幼小衔接，孩子真的需要吗？有效的幼小衔接究竟是怎样的？

从幼儿园到小学，是童年生活的自然延伸和过渡。幼小衔接，是双向衔接，需要家庭、幼儿园、小学及社会的共同参与。幼小衔接连接着儿童的当下和未来，因此，要从儿童终身学习与发展角度展开思考。入学准备，是要让孩子拥有健康的身体、勇敢的品质和丰富的经验，是为当下入学做准备，也是为未来生活做积极的准备。

一、身心适应性的衔接

关注幼儿身心方面的准备与适应，是幼小衔接不可缺少的部分。身心准备包括身体和心理两个方面。在身体方面，幼儿园要配合家庭让幼儿养成良好的运动习惯，并保证一日三餐的营养搭配，让幼儿有充沛的精力和体力进入小学。在心理方面，幼儿园与家庭都要关注幼儿的心理变化，注意倾听幼儿的心声，理解和接纳幼儿不同的情绪，师幼之间要建立良好的关系，教师鼓励幼儿以合理的方式调节心理、表达自我、宣泄情绪。

二、学习适应性的衔接

在课程游戏化的引领下，幼儿园教育更关注培养幼儿自主探究、学习的能力，让幼儿在做中学、在玩中学，是一种动态的学习方式。小学教育则更偏向学科知识的掌握，是一种静态的学习方式。如果孩子在进入小学前，没有对静态的学习方式有所了解，就会出现焦虑、厌学等状况。因此，在大班下学期，幼儿园有意识地增加集体活动量，时间控制在 30 分钟左右，以更好地与小学静态教学相对接。在家中，家长也要选择一些静态的方式，比如看书、下棋、画画等活动，让幼儿接触静态的学习方式。通过一段时间的引导，幼儿对静态的学习方式有了初步的认识，在进入小学后就会大大减少抵触与厌倦的情绪。

三、生活适应性的过渡

儿童自理能力的培养不是一蹴而就的，而是一个循序渐进的过程，它需要家长和教师在关键阶段让孩子在自己能力范围内做一些事。首先是自我服务，养成良好的穿衣、洗漱、吃饭、整理等习惯，同时学会为集体服务，比如轮流照顾自然角的动植物，带领小班弟弟妹妹外出散步，在家里主动承担力所能及的家务，等等。这样幼儿进入小学后，就能更快、更好地融入其中，也能得到更好的成长与发展。

四、社会适应力的衔接

社会适应力既是幼儿社会学习的主要内容，也是幼儿适应小学生活的基础。幼儿从幼儿园进入小学，需要认识新的教师和朋友，能否快速融入新集体，构建和谐的师生、朋友关系，这和幼儿的社会交往能力息息相关。因此，在幼儿园阶段，需要教师和家长鼓励，并创造机会引导幼儿与他人合作、交流。比如：在集体活动中，设计合作环节；在游戏过程中，相互合作，制订计划，协商分工，体验共同合作的快乐；每天入园时段，让幼儿作为值日生在校门口护导，迎接同伴，相互问好；在家中，家长需要有意识地多给幼儿创造与不同性格、不同年龄的人交往的机会，锻炼幼儿的交往能力。另外，还要让幼儿学会遵守规则，做事认真负责，并拥有良好的情绪，为进入小学做好准备。

幼小衔接是一个动态的、持续的过程，既需要幼儿园与小学的共同合作，也需要家庭和社会的共同努力。

问题二 家长如何融入幼儿园管理？

幼儿园教师应唤醒家长成为主动的参与者，积极参与幼儿园的管理，逐步形成家园双向互动、共育的新模式。家园携手，合作共育，使幼儿园与家庭建立合作、和谐、互补的合作关系，对幼儿的成长教育起到同步、共育的作用，从而保证儿童的健康成长。家长融入幼儿园管理，具体可见表 6-1 和表 6-2。

表 6-1　家长参与幼儿园管理内容及形式

内　容	形　式
参与开放活动	1. 参与幼儿园的开放日、半日活动、节庆活动、远足活动等 2. 参与家长委员会，分享经验，提出建议
参与膳食管理	成立膳食委员会。每学期或者每月定期参与制定食谱
参与课程建设	1. 定期走进班级，参与到课程活动中来 2. 家长直接作为幼儿园活动的参加者甚至是组织者、重要信息和设备的提供者
参与课程评价	1. 评价幼儿园的活动，对幼儿园的课程做出客观、公正的评价 2. 通过微信群、钉钉群、微信公众号及网站参与网上评议，涉及课程等方面的评价

表 6-2　家长融入幼儿园管理方式

活动类型	家长融入管理方式	建议说明
户外体育锻炼	幼儿和爸爸一起运动。由爸爸担任指导员，根据爸爸的特长和幼儿的兴趣需要，增设打篮球、踢足球、跳绳、跳远、跑步等不同的亲子项目	爸爸具有强健有力、果断刚毅等特征。充分利用父性教育资源，促进幼儿个性的培养，凸显父性教育的重要作用

续表

活动类型	家长融入管理方式	建议说明
学习活动	1. 家长助教。邀请家长参与到幼儿园的教育活动中，利用自身的特长与兴趣为幼儿带来多元的课程和丰富的体验 2. 家长开放日活动。以观摩半日活动为主，让家长直接、全面地了解幼儿在幼儿园的学习与生活情况 3. 幼儿学习成果展。幼儿和同伴共同设计，分工与合作完成版面布置，并向家长讲解，之后带领家长进行游戏和体验 4. 特色活动。家长参与幼儿园特色活动，如节日活动、园本活动、班本活动等	1. 本着尊重、合作的原则，家长根据自己的特长，自愿报名 2. 打破时空限制，开展线上和线下活动；引导家长积极参与活动，充分满足家长的多方面需求 3. 达成共识，形成合力，助力家园共育
游戏活动	家长共同参与亲子游戏，如亲子劳动、亲子运动会、亲子踏青、亲子绘本节、亲子舞蹈等	提供平台，通过丰富多样的亲子游戏，促进亲子之间的交流，提高亲子之间的亲密度
餐点活动	1. 家长轮流入园带领幼儿制作美食 2. 膳食委员会成员们实地观摩食堂，观看烹饪过程，介绍每周食谱、膳食卫生安全管理及膳食营养搭配等情况，进班陪餐 3. 家长播报当日菜单，鼓励幼儿进餐	1. 采用自主报名形式，带领幼儿亲手制作美食。 2. 深入了解幼儿园饮食安全管理及餐饮服务工作
来园、离园活动	成立家长志愿者服务团队，每日在幼儿来园和离园时段坚持在幼儿园门口轮流执勤，为幼儿安全入园、离园作保障	采用自主报名形式，每天由家长轮流做好幼儿园门口的护导和值勤工作

问题三 家园共育中，如何提高父亲的参与度？

父亲的参与不仅能增加亲子之间的亲密性与和谐性，还能促进孩子认知能力和社会交往能力的提升。在家园共育的过程中，应积极呼吁父亲承担教育职责，与母亲共同促进幼儿全面、健康的发展。

1. 让父亲角色定位

改变父亲游离于幼儿教育之外的现状，转变传统的教育观念。利用网络搭建父亲交流平台，在平台中开辟各类小专栏，比如：“父子对对碰”，以照片或文字的形式记录父子之间的精彩瞬间；“我们的故事”，分享父亲的育儿心得；“亲子游戏吧”，发布适合父子之间开展的亲子游戏活动；“父亲书吧”，搜集有关父亲教育的书籍，如《发现父亲》《做个好爸爸》等，帮助父亲学会和孩子相处，爱上与孩子相处。

2. 让父亲角色归位

只有参与，才有真正体验到乐趣。幼儿园通过多渠道去宣传父亲参与家园共育的重要性，并通过开展丰富多彩的亲子活动，邀请父亲积极参与，让父亲体验和孩子在一起的快乐，唤醒他们更大的责任感和热情。

幼儿园可开设“亲子运动日”“亲子探险日”“亲子阅读日”等一系列父亲参与度较高的亲子活动，激发父亲参与家园共育的积极性和主动性。亲子运动会设计一系列具有挑战性和互动合作性的运动项目，让父亲这一角色发挥其不可或缺的价值。“亲子探险日”可以鼓励父亲发挥性别优势，开展户外冒险、登山、潜水等有挑战性的活动。亲子阅读日，可以邀请父亲走进课堂，与孩子共读绘本、共同游戏，建立亲密的亲子关系。通过亲子活动，父亲体验与孩子在一起的快乐，也感受到父亲角色归位带来的乐趣。

3. 让父亲角色到位

在开展一系列父亲参与的活动后，家园都需肯定父亲在幼儿成长过程中的价值，将父亲的被动参与改变为主动参与，这样父亲参与活动会更投入、更有责任心，对幼儿行为也会产生积极的影响，父亲角色也就真正做到了位。

当父亲体验到角色的乐趣后，“魅力助教”“爱心父教”“家庭陪伴”等一系列活动在家园共育中持续开展。不同职能的父亲团发挥着父亲们的作用。安全爸爸团：参与幼儿入园、离园护送工作，为幼儿安全保驾护航。生活爸爸团：在喝水、如厕、盥洗、用餐及午睡等生活环节中，发挥父亲的职能，感受幼儿园保教结合的施教特点。教师爸爸团：提前备课，精心准备玩教具，为幼儿带去一场别出心裁且富有意义的教学活动。游戏爸爸团：由幼儿带领爸爸加入游戏，让爸爸感受课程游戏化的精神和魅力。警察爸爸团：走进课堂，带幼儿体验当小小军人的威风。医生爸爸团：带着幼儿探索身体的秘密，学习卫生健康小知识。在各类节日中，父亲们鼓励幼儿学会爱，在三八妇女节，父子或父女共同设计和制作献给母亲的礼物，在父亲节开展“我心中的超级英雄”主题活动，鼓励每对父子或父女用文字或绘画的形式大胆表达对彼此的情感。在“家庭陪伴”中，父亲每天开展30分钟的亲子陪伴，陪孩子阅读、画画、下棋。利用父亲特长组成的魅力助教团，使父亲们有用武之地，让父亲们变被动为主动，使父亲角色真正归位。

总之，呼唤父亲的出现并不意味着要让父亲去代替母亲的角色，父亲和母亲要各司其职，既不能错位，也不能越位。幼儿园在运用父亲资源开展活动时，也要为父亲搭建相互学习和交流的平台，促使每个父亲形成正确的育儿方式和角色观念。当然，解决家园共育中父亲缺位问题绝非朝夕之间便可实现，我们鼓励父亲参与到幼儿园活动中，同时也给予父亲充分的时间，以积极和宽容的心态来处理父亲在归位过程中所出现的各种问题。

问题四 如何引导家长积极参与亲子作业单的完成？

在家园共育的过程中，幼儿园时常会邀请家长与幼儿共同完成亲子作业单，经调查研究，发现在此过程中存在以下问题：① 家园双方共育观不一致。② 家园沟通不够，教师过程性指导缺失。③ 亲子作业单缺乏幼儿主体性。④ 亲子作业单布置频次高，难度大。⑤ 亲子作业单缺少合理的反馈及有效的评价。

围绕以上问题，教师应做出积极的反思和回应，并提出改进的策略。

一、观念一致，同心同频

家园要树立共同的教育观，步调一致，双向奔赴，达成教育共识。幼儿园要让家长树立正确的家园共育观，积极发展与家庭的合作关系，通过与家庭的互动，共同支持幼儿的学习与发展。切勿单方面要求家长无条件配合幼儿园的教育教学工作，应阐明亲子作业单的意义，让家长明白亲子作业单的目的是巩固知识、迁移经验、扩展眼界，这既是主题课程的延伸，也是幼儿园课程内容在生活中的实践。

二、换位思考，细化指导

家园双方要坦诚相待，使家园沟通渠道保持畅通。教师要主动与家长沟通，取得教育目标的一致，并换位思考，站在幼儿发展的角度布置亲子作业单，让家长明白亲子作业单是家园共育的途径之一。通过完成亲子作业单，既可以满足家长了解幼儿园课程的愿望，也可以促进他们了解自己的孩子在课程中游戏等方面的情况，从而更好地形成家园合力。指导过程细化后，家长们可以看见幼儿的学习过程，不仅可以从亲子作业单看见幼儿的游戏发展，也可以看见亲子作业单发挥的作用。

三、幼儿为主，家长为辅

亲子作业单的目的是引导幼儿在动手动脑过程中培养学习兴趣，获得积极的情感体验，养成良好的学习品质，发展今后学习所需要的良好素养。完成作业的主体是幼儿，幼儿探索的过程和建构的经验才是需要关注的。家长应扮演观察者、支持者、引导者的角色，去观察幼儿在完成作业过程中的行为表现，支持和反馈幼儿的兴趣和需求，重视幼儿主体性的展现。

四、频率适中，难度适合

亲子作业单的布置频率要适中，不宜过于频繁，以免加重家长负担。内容要适合相应年龄段的幼儿，符合幼儿的能力，提高幼儿的参与度，在动手动脑的过程中激发幼儿的学习潜能，以此让幼儿获得积极的情感体验。

五、正确评价，过程为重

教师应成为正确评价的引领者，做到重过程、轻结果。亲子作业单的制作不是比赛，而是推动幼儿进一步发展的手段。

亲子作业单是家园双向互动和情感交融的纽带，不仅能拉近家长与教师之间的距离，还能增进父母与幼儿的感情，对锻炼幼儿的心智有很重要的作用。当看到亲子作业单真正有助于幼儿的学习与成长时，家长会更加配合教师的工作，家园合力效果会更加显著。

我们的案例

案例一　办一场特别的家长会

好的家长会是家园沟通的重要形式之一，提高家长在家长会中的主动性和参与度，可以促进教师与家长彼此交流、沟通，形成教育合力，但我们发现一般的家长会存在以下问题。

1. 形式单一：互动主体性欠缺

家长会基本是以讲座的形式开展的，几乎都是教师站在讲台上，家长坐在座位上。教师单向沟通，家长以听众和学习者的被动身份出现。活动形式单一，导致教师与家长容易产生距离感，而且在家园互动时，缺少个性化表达，家长缺少主体性。

2. 内容不当：专业指导性缺位

家长会的内容一般都是教师选定的一些共性的问题，教师先介绍班级幼儿的整体情况，再说一说学期计划和注意点，最后说一下家长需要配合的相关事宜。家长会的活动内容要么针对性不足，要么脱离家长的实际需求，难以调动家长的积极性和主动性，致使家长坐不住、听不进去，出现例行公事的现象。

3. 规划不足：整体系统性较差

家长会在时间规划上基本会选择在学期中间的某个时间开展，作为对幼儿这一阶段学习和生活的回顾和总结。

我们经常会在家长会的反馈表上面看到一些建议：希望每学期多开几次家长会；平时可以多互动，增加家长对幼儿在园的了解……究其原因，主要是教师整体规划不足，家长会的开展没有前期的回顾、对比和后期的持续性记录和反馈，家长看到的只是短时间的表现，无法形成时间上的连续和效果上的强化。这样，家长的期待得不到满足，效果与预期相差甚远。

如何让家长会发挥其家园共育、教育合力的价值？对此，我们提出了“主题互动式”家长会模式，通过明确共育主题、转变组织方式等方式和手段，增强家长在家长会中的参与性，以此为支点增进家园共识，形成教育合力。

妙招一：明确共育主题

1. 通过调查和研究，形成班本化主题式家长沙龙

（1）确定主题

教师先在班级群向家长征询在育儿中的困惑，梳理家长的需求，结合幼儿的年龄特点，确定家长会的主题及聚焦点。调查中发现小班家长的分离焦虑比较严重，因此，可以选择分离焦虑作为小班第一次家长会的活动主题。

（2）布置环境

创设自由、开放的家长沙龙环境。如：改变以往的“插秧式”的座位布局，改为圆桌、长桌等有利于倾听与对话的形式；用独特的签到台、有创意的座位标签等，营造温馨的环境、轻松的氛围；还可以选择在宽敞的会议室、功能室，甚至在户外开家长会。既有家的温暖，又富有教育性，使家长会成为一次美好的沙龙聚会。

家长是幼儿的第一任教师，必须强化家长的主人翁意识和家长在开展家长会的过程中的主体性与不可替代性。教师也须同样站在家长的角度，向家

长征集多方面的需求、困惑，进行定向指导。这样班本化的家长会更能满足家长个性化的育儿需求。

2. 通过整合和优化，选择体验式家长会内容

大班教师经过调查选择了“幼小衔接应该做哪些准备?”作为家长会的主要内容。可是内容多且维度多，缺乏逻辑性。于是，幼儿园先请小学的优秀班主任做幼小衔接的讲座，引导家长了解幼小衔接需要做哪些准备。接着，各班教师从更专业的角度，结合班级幼儿的情况，总结和提炼幼小衔接的具体策略，为家长提供专业的、有针对性的建议。

在家长会内容多且琐碎的情况下，教师要学会围绕目标整合和优化。紧扣目标，突出重点，这样不仅可以提高家长会的效率，而且教师将自己想表达的内容融入家长感兴趣的话题中，能够大大激发家长的参与性与主动性。

妙招二：转变组织方式

1. 请进来

（1）游戏体验法

在与家长沟通时，我们发现很多家长觉得幼儿在幼儿园就是玩耍。针对这一问题，在家长会上，教师先让家长回答两个问题：“您对幼儿园的认识是什么样的？您认为孩子在幼儿园应该做些什么?”再采用游戏体验法，让家长亲身体验幼儿的游戏，让家长分组研讨“在刚刚的区角游戏中你做了什么？发展了什么?”。最后结合图片、视频讲述教师在幼儿游戏过程中是如何支持与引导幼儿游戏与学习的。

（2）头脑大挑战

在一次家长会上，家长围绕主题“去菜场时，家长可以引导幼儿学习什么?”展开小组讨论。在一场激烈的“头脑大挑战”结束后，教师归纳和总结了家长的想法：去菜场时，可以引导幼儿学习的内容涉及数学思维、语言表达等。在讨论中，教师引导家长发现原来生活中这么平凡的事情，蕴含了这么多的教育契机。

（3）家长小课堂

小班幼儿刚入园，如何使幼儿尽快适应幼儿园的生活，帮助幼儿缩短焦虑分离期？围绕这个话题，幼儿园开展了“家长小课堂”活动：请有经验的家长分享各自在用餐管理、情绪管理、自理能力等方面的育儿经验，其他家长在现场提出了在家庭教育中的一些困惑。大家针对幼儿的特点及共性进行

了互动与探讨，群策群力，形成了共同的经验，进一步促进了家园沟通。

要重视学习中的体验过程，让家长亲身参与游戏活动时掌握方法的具体运用，增加家长对教师专业性的认同感。同时让家长了解教师行为背后的教育价值，理解幼儿园的课程游戏化理念，为幼儿的科学养育指引方向。

2. 走出去

（1）网络云相聚

现在越来越多的沟通与交流在网络上进行。教师精心准备，借助视频、PPT 等形式，让家长全面了解幼儿园开展的活动，体会幼儿在游戏和生活中取得的进步与获得的成长。同时，结合年龄特点还设置了不同主题内容的讲座。家长自主选择学习内容，积极、认真参与线上学习。网络家长会时间弹性大，参与的家长人数更多，而且方便家长全面听、反复听。

（2）亲子活动多

在六一儿童节来临之际，大班幼儿选择了一种新的家长会形式：亲子运动会暨爱心义卖活动。在活动开始前，幼儿自己设计活动内容，制作家长会

邀请函和设计图，等等。家长对于新颖的家长会都非常期待，家长和幼儿在家共同准备爱心义卖的物品，并标好价格。幼儿在活动中获得了快乐，学会合作，学会分享，体验亲情，感受温暖。家长积极参与活动，增进了家校互动，促进了家庭和谐，实现了家园共育。

网络课堂和亲子活动很好地提升了教师和家长的参与意识，提高了参与者的教育力。在理论和实践相结合的互动中，积累经验，彼此学习。家长和幼儿增进了交流，培养了感情，也促进了家园合作。

主题式、互动式的家长会提高了家长的参与兴趣，多渠道、多维度、多手段地让幼儿、家长、教师积极参与进来，真正实现了家园共育的有效性。

（吴中区越溪实验幼儿园　张蕾）

案例二 上小学，我们准备好了吗？

——以幼小衔接中的生活习惯培养为例

镜头一：从需要到指导

【情境】

课间，幼儿在厕所里讨论起了小学。

轩轩说："你们知道吗？我学会了很多拼音，我来念给你们听。"

可可说："我在家还认识了几百个字呢！哎呀，憋不住了，辰辰，你快点儿。"

小凯说："小学的厕所长什么样？和我们幼儿园的一样吗？"……

听着幼儿激烈的讨论声，我们意识到上小学时，幼儿不仅要应对学习内容、学习方式的改变，还要应对生活环境和生活方式的变化。

"你们见过小学的厕所长什么样吗？"

"没有，不过我哥哥在小学，我回家问他就知道啦！"

【教师解读】

面对幼小衔接问题，家长普遍认为学会了小学知识就可以保证幼儿很好地适应小学，因此，有些家长提前让幼儿学完一年级的课程。我们往往重视幼儿在学习品质上的培养，而忽略了幼儿在心理上能否很好地适应小学生活。"如厕"这一在成年人看来很小的一件事，却引起了幼儿的激烈讨论。

【策略跟进】

在幼小衔接中可以引导幼儿养成良好的生活习惯，帮助他们逐步适应小学生活。"如厕"话题引起了幼儿的兴趣，针对此话题，我们经过商讨，决定通过调查小学和幼儿园厕所的不同来解决这个问题。幼儿有的回去问哥哥姐姐，有的上网查询，还有的想去小学看一下厕所的样子。出于对实际情况的考量，我们决定通过实地参观和线下调查的方式了解真实的小学厕所长什么样子。之后，我们参考了小学生的"课间 10 分钟"，对大班的如厕时段和时长进行了调整，在集体活动后、自主游戏后、运动后、起床及离园前设置固定的"课间 10 分钟"，鼓励幼儿自主规划如厕时间。

【家园共育】

针对如厕问题的幼小衔接准备工作，当然也不能缺少家长的参与，大班下学期，教师应采取多种形式，有针对性地帮助幼儿做好身心、学习等多方面的准备，促进幼儿顺利过渡。例如，围绕“上厕所要带好纸”“如何擦干净屁股”等话题展开线上交流。家园形成合力，共同帮助幼儿尽快适应小学生活。

镜头二：从习惯到分享

【案例描述】

幼儿围绕“小学生活是怎么样的？和幼儿园有哪些不同？”分享调查的结果。

话题 1：合理安排时间

轩轩说：“我姐姐每天下午都会把作业做好。”

熙熙说：“我姐姐每次都是做好作业后才和我一起玩游戏。”

话题 2：自主收纳整理

奕昕说：“我哥哥的书包里有十几本书，还有铅笔、橡皮擦，都整理得井井有条哟！”

小宇说：“这是我姐姐写的作业，这是我姐姐放本子、铅笔的地方。”

话题 3：“云”享小学生活

乐乐说：“我姐姐更厉害，她还拍过一段小学生活的视频，我们一起看一看吧！”

茜茜说：“我哥哥当过升旗手。看，这是他升国旗的照片。”

【教师解读】

通过幼儿此次的分享和聆听，我们感受到他们对小学生活产生了浓厚的兴趣，对小学有了新的理解。同时，我们通过照片、视频等形式带领幼儿在线上感受小学生活，减少幼儿对小学生活的陌生感，激发幼儿对小学生活的憧憬与向往，为适应小学生活让幼儿做好充分的心理准备。

【策略跟进】

充分尊重幼儿对小学生活的好奇心和探究兴趣，考虑到调查内容的局限，我们邀请 1 名小学生、1 名小学教师作为见面会的特邀嘉宾，收集并分享有关小学生活的活动资料，比如：学科活动、社团活动、大课间活动……向家长及幼儿推荐幼小衔接绘本，如《小阿力的大学校》《大卫上学去》等。鼓励幼儿在家长的帮助下通过多种形式感受小学生活，比如：照片、视频、绘画等，并用自己理解的方式记录下来，后期可自主进行分享。

【家园共育】

尊重并回应幼儿，通过开放性提问、推测、讨论等方式，支持每一名幼儿的学习。在群内分享，互相学习，互相鼓励。注意劳逸结合、松弛有度，多元发展幼儿能力。从幼儿的分享中，引导家长感受幼儿是有能力的学习者和交流者，相信幼儿，关注幼儿的点滴成长。

镜头三：从单方劳动到多方互动

【案例描述】

幼儿你一言我一语地分享自己是如何感受小学生活的。

小凯说："我哥哥上学是有课程表的，我自己也做了个课程表。"

明明说："我在家也做作业、听故事了，我还大扫除了呢！"

教师问："什么是大扫除呢？"

小华说："大扫除就是打扫卫生，整理东西，我哥哥说他在小学一直要大扫除。"

妞妞说："我也大扫除了，我在家帮爷爷奶奶洗碗和扫地。"

由此，我们开展了问卷调查《幼儿家庭劳动情况调查》，经统计，41%的幼儿愿意扫地、拖地，14%的幼儿愿意洗碗、擦桌子，28%的幼儿愿意整理物品，34%的幼儿不愿意劳动。

【教师解读】

在生活中，引导幼儿热爱劳动，可以培养幼儿的劳动兴趣，磨炼其意志品质，激发其创造力，增强其自我服务意识和自理能力，对以后幼儿适应小学阶段的生活至关重要。大多数幼儿主动参与劳动的意识较为淡薄，缺少家长、教师的正确引导，在生活自理能力和劳动能力方面都有很大的不足。小学里大多数学习任务和劳动任务都是需要孩子独立完成的，因此，家庭劳动教育和学校劳动教育都很重要，缺一不可。

【策略跟进】

通过对热爱劳动的幼儿采访，我们了解到有些家长参与陪伴劳动的积极性很高。培养幼儿对劳动的兴趣，鼓励幼儿参与家庭劳动，如清洗衣袜、整理书包等。结合劳动主题开展线上值日生、整理书包、植树等活动，引导幼儿养成劳动习惯，增强环保意识、集体责任感。通过与家长分享"积分奖励""劳动储蓄卡"等方式，帮助幼儿每天获得一些进步。

【家园共育】

记录、拍摄幼儿在家的劳动情况，并将其制作成电子相册、小视频等。

互相分享，感受劳动的喜悦和集体的赞赏，感受他人对自己的肯定，形成良好的劳动氛围。帮助幼儿积累自主、独立生活的经验，培养幼儿基本的自理能力和良好的劳动习惯，养成良好的道德品质，为幼儿适应小学生活奠定坚实的基础。

镜头四：从单次到累计

【案例描述】

一天，欢欢妈妈将自己与幼儿制作劳动储蓄卡和劳动的照片分享在了微信群里。

筱筱妈妈说："欢欢好厉害呀，已经劳动这么多天啦！你是怎么鼓励孩子的呀？"

欢欢妈妈将自己与幼儿制作劳动储蓄卡的过程分享给了大家，家长的话匣子一下子就打开了。

昊昊爸爸说："我今天下班也和孩子试一试，让孩子的劳动成为习惯。"

澄澄妈妈说："我做家务的时候，也会带着孩子一起做，并告诉她家人们应该为家庭付出劳动。欢欢和妈妈一起做的劳动储蓄卡做得很好，我也要借鉴一下，让我们的孩子在养成习惯的同时看到自己的点滴进步。"

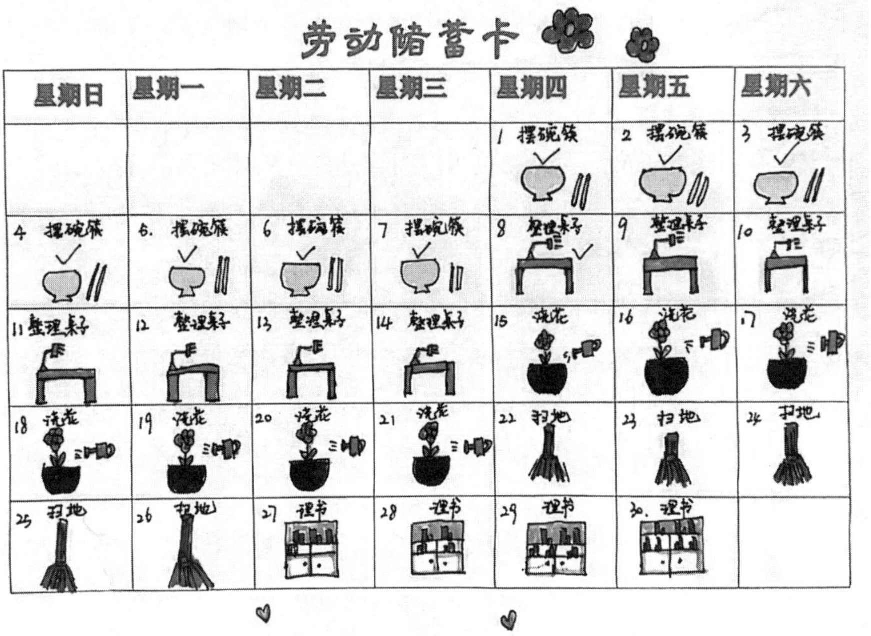

【教师解读】

在家庭活动中，家长与孩子共同制作劳动储蓄卡可以促进亲子感情，提升家庭教育的质量，营造亲子互动的良好家庭氛围。幼儿在亲子劳动中潜移默化地获得知识和技能的同步发展，有利于较好地适应幼小衔接。

【策略跟进】

掌握科学的引导方法，幼儿园和家庭有目的、有计划地开展多元、科学的活动，持续跟进幼儿能力的提升。高质量完成幼小衔接工作，避免单一说教的幼儿教育。

（横泾实验幼儿园　徐阳　蒋鑫）

案例三　和电子产品交朋友

交流中，家长反映，幼儿在家里喜欢长时间看动画片、玩游戏，长时间使用电子产品会对幼儿的健康产生不利的影响。如何引导幼儿正确使用电子产品，成为家园共育的重要话题。

本次“和电子产品交朋友”活动贴近幼儿生活，从幼儿自身出发，邀请家长一起制定电子产品使用规则，引导幼儿学会放下电子产品，提倡家长以身作则遵守规矩，注重陪伴，与幼儿建立良好的亲子关系。

1. 搜索家庭电子产品

家里有哪些电子产品呢？家长可以引导幼儿在家中开展大搜索，将家中的电子产品搜罗在一起，让幼儿讲一讲电子产品的外形特征和功能，并拍照分享。

电子产品已经成为生活中必不可少的物品，在对家里的电子产品进行搜索的过程中，幼儿与家长一起开启了一场寻宝之旅，激发了幼儿的兴趣，唤醒了家长参加课程活动的积极性。通过对物品的介绍，也让幼儿对电子产品的功能有所了解。

2. 调查最受幼儿喜爱的电子产品

通过大搜索，教师向幼儿提出疑问：“你最喜欢的电子产品是什么？你会拿它干什么？”教师鼓励幼儿结合自身情况，运用绘画的方式，完成《我喜爱的电子产品》调查表。完成后，教师将调查表进行在线分享，同时鼓励幼儿通过语音的方式将自己的想法表达出来。

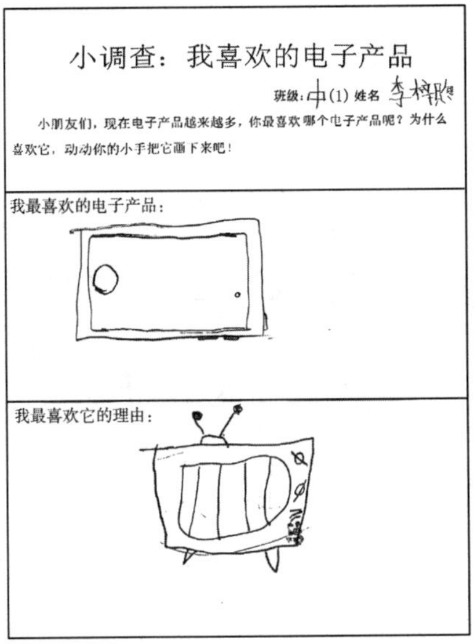

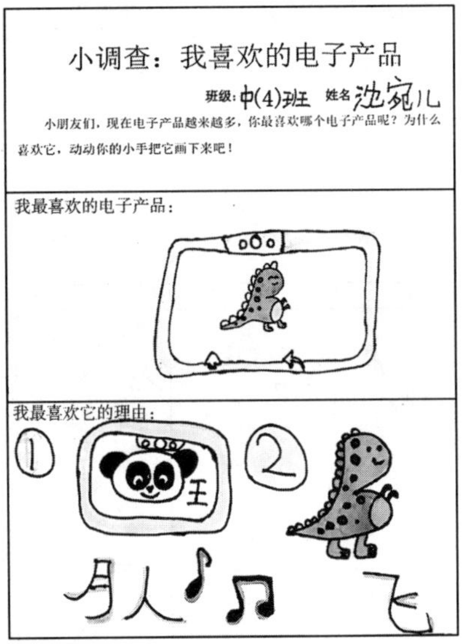

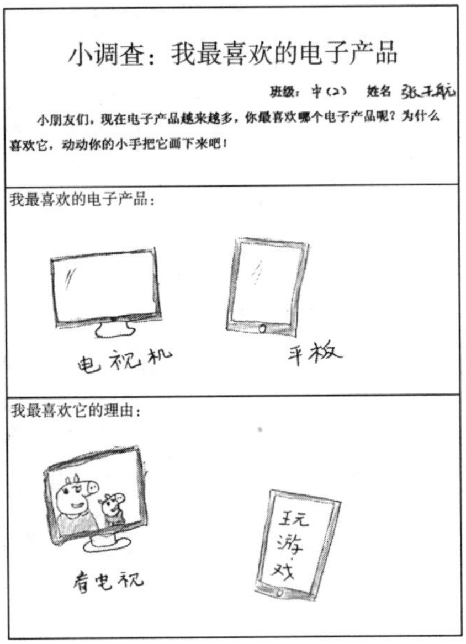

幼儿通过和家长分享电子产品，在丰富调查形式的同时，可以感受语言的魅力。借助调查表和幼儿的语音分享，教师进行数据整理，发现最受幼儿喜欢的电子产品分别是iPad、手机和电视机，幼儿喜欢用它们看动画片、玩游戏，个别幼儿还会观看一些有关画画的、科学的视频，这让教师对幼儿的喜好有了更多的了解。在此基础上，教师今后的指导方向和依据更加明确。

同时，通过线上交流的方式，家园共同引导幼儿对电子产品进行正向使用，比如：听音乐、听故事、看视频尝试做手工等，渗透电子产品使用时的注意事项：控制时长，明确使用时的正确姿势，等等。

3. 调查电子产品的优缺点

教师向幼儿、家长推荐《手机的规矩》《再见，电视机》等绘本，让他们了解长时间使用电子产品的缺点，并在阅读绘本的基础上，引导幼儿结合自己最喜欢的电子产品，和家长一起调查电子产品的优缺点，鼓励幼儿和家长积极探讨，将自己的想法用自己喜欢的方式进行记录，自主完成《小调查：电子产品优缺点》调查表。

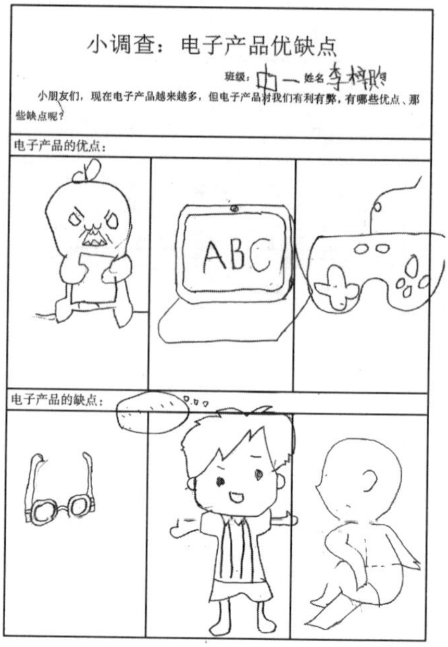

4. 宣传护眼知识

建议家长在家里组织一场关于护眼的故事会，最好是与住在同一小区的幼儿一起举办，然后把爸爸妈妈讲的故事通过视频、音频等多种形式带到幼儿园一起来共享。幼儿将学到的护眼小知识，通过小组合作的形式完成宣传海报的制作。在入园时，幼儿组成护眼小分队，向大班和小班的幼儿宣传，离园时向其他接送的家长进行宣传。

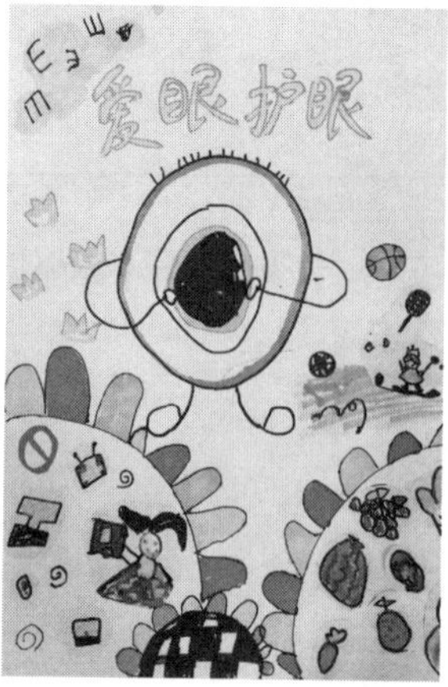

中班幼儿对于电子产品的优缺点有了一定的了解，但仍存在局限性，借助绘本这个媒介，让幼儿在“亲子阅读—与伴分享—相互碰撞”中理解画面，丰富语言表达能力，潜移默化地了解长时间使用电子产品的坏处，为制定电子产品的使用规则奠定良好的基础。

5. 遵守制定的规则

“可以玩多久?”“什么时候可以玩?”，家长和孩子一起讨论电子产品使用的规则。在讨论过程中，家长运用启发式的问题，拓展思路，让幼儿成为规则的制定者。规则制定好后，大家围绕“规则谁来遵守、谁来监督”展开了讨论，形成了互相监督制和轮流监督制，针对违反规则的情况，每个家庭制定了独特的奖惩制度。一周后，我们邀请家长和幼儿来园谈一谈制定电子产品使用规则后的变化和感受。

幼儿的行为往往受到成年人的影响，和家长一起制定规则，可以加强全家对规则的认同感，家长以身作则，为幼儿树立榜样。在共同遵守规则中增强幼儿和家长的责任意识，改变家长单一的说教模式，让幼儿认真遵守规则，形成家园共育的合力。

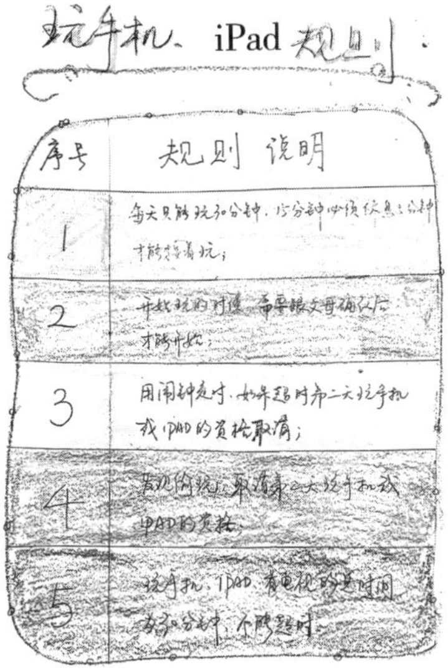

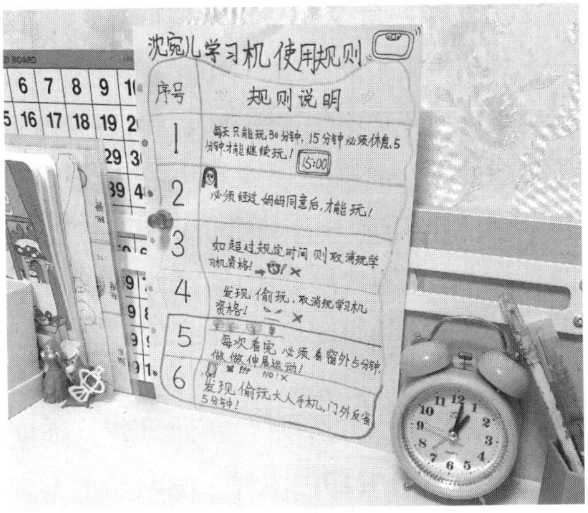

生活化课程的实施，加深了幼儿园与家庭之间的联结，优化了家长的教育理念和行为，也让家长的参与和反馈不断检验、调整课程的建设和实施，进而实现多方共同成长的良性循环，不断激活家园共育的能量。

（吴中区城区幼儿园　徐圆怡　王晨露）

案例四　入园，化“焦”为“安”

幼儿园是幼儿走出家庭、迈入校园的第一步。在这个阶段，幼儿很容易产生入园焦虑，对上幼儿园产生抵触情绪，舍不得离开熟悉的爸爸妈妈，不愿意进入陌生的环境。玥玥每次早上入园时，总是哭闹不止。爸爸妈妈送她时，她会撒娇，不肯入园；爷爷奶奶送她时，她会哭闹不停。如何让玥玥喜欢上幼儿园，老师想了许多的方法。

方法一：共情——我们都有漂亮的饰品！

早上，玥玥拉着妈妈的手边抹眼泪边说：“妈妈，我不要上幼儿园！我想回家！”老师赶紧走上前，帮着妈妈一起哄玥玥。但是无论怎样安抚，玥玥都止不住流眼泪。哪怕进入幼儿园后，玥玥还是眼泪汪汪地不肯说话。

通过沟通，老师了解到玥玥每天来幼儿园时，都会穿漂亮的小裙子，戴漂亮的发夹，扎整齐的辫子，玥玥是一个爱漂亮的小姑娘。老师以此为切入口，也每天给自己佩戴一件小饰品，并且在玥玥来园后，总会夸玥玥：“哇！今天的小裙子有一个蝴蝶结，特别的漂亮！”“老师与你一样，也有一个漂亮的小饰品——胸针呢！”……

方法二：肯定——你真棒！

玥玥每天来幼儿园，老师都会到门口去接她。刚开始的时候，玥玥看到老师来了，还是不想进幼儿园，但在妈妈的安抚和老师的鼓励下，玥玥慢慢不再抗拒了。老师会摸着玥玥的头说：“玥玥愿意和老师一起唱歌，特别棒！”吃饭时，老师会主动夸赞：“你今天把蔬菜都吃完了，真棒！”

晚上回到家之后，玥玥的爸爸妈妈也会经常夸玥玥，“老师说你在幼儿园里讲故事了，特别厉害！”在老师和家长的共同称赞中，玥玥渐渐感受到了上幼儿园的成就感。这天，玥玥悄悄告诉老师：“老师，您好像妈妈！妈妈会抱我，还会表扬我！”在老师爱的包容下，玥玥越来越喜欢和老师待在一起，幼儿园门口再也没有玥玥哭泣的身影了。

克服幼儿入园焦虑的最好方法就是帮助他们熟悉幼儿园，熟悉幼儿园里的老师，与老师之间培养一种亲近感。

方法三：游戏——我的幼儿园真有趣！

玥玥妈妈不定期地会给老师发消息，告诉老师玥玥最近喜欢什么，对什么东西感兴趣。于是，结合玥玥的兴趣，班级区域里开展了“我的好朋友”游戏，鼓励每个小朋友从家中带来自己的“好朋友”，和“好朋友”一起探索新的环境，再尝试用不同的方式认识新的“好朋友”。有了“好朋友”的陪伴，玥玥不再孤单，同时还结交了许多新的“好朋友”。慢慢地，玥玥上幼儿园的时候，老师只需要站在门口，玥玥就会开心地和爷爷奶奶说：“老师来接我啦！”然后开心地跑到老师身边，热情地说道：“老师，我来啦！”

玥玥妈妈也经常和老师交流玥玥在家的情况。现在的玥玥，回到家之后经常和爸爸妈妈分享在幼儿园的活动。“今天在娃娃家，我做了‘妈妈’。”“我今天认识了一个新朋友，她有一只兔子宝宝，我们一起喂兔宝宝吃东西。”

克服焦虑的方法，就是让幼儿爱上幼儿园。通过与家长沟通，了解幼儿的兴趣点，结合兴趣开展幼儿喜欢的活动，让幼儿感受到幼儿园好玩、有趣。

方法四：陪伴——老师就在你身边！

在幼儿园午睡，对于小班幼儿来说是一大难题。玥玥也是个午睡“困难户”，她虽然不哭不闹，但总在床上翻来覆去。跟她的妈妈沟通后才知道，玥玥在家从不午睡。对此，老师为玥玥私人定制了一套午睡方案。每日午睡前，老师会帮助玥玥将漂亮的发夹装进好看的首饰盒中，并帮玥玥把漂亮的小裙子脱下来，叠好并放在玥玥的床头。伴随着舒缓的故事，老师陪在玥玥的身边，拍拍她的肩膀、摸摸她的额头，让她原本焦躁的心慢慢变得平静，很快她便进入了甜甜的梦乡……

慢慢地，玥玥对老师产生了信任，每次午觉醒来，她都会主动让老师帮忙穿衣服，戴上漂亮的发夹后，她会撒娇着抱着老师说：“老师，明天，您还陪着我睡，好吗？”

幼儿对陌生环境容易紧张和恐惧。老师的关怀和陪伴，逐渐帮助幼儿克服内心的不安。

（吴中区胥口实验幼儿园　赵冰红　顾晴瑶）

那么重的石头，
是怎么变成桥，不掉下来的呢？

第七章 生发儿童的课程

幼儿园课程就是要贴近儿童的生活。对儿童来说，有利于其生命成长的一切活动都具有生活的意义。生活就是为生命成长和延续而展开的一切活动。要让儿童过属于自己的生活。

——虞永平

引言

幼儿喜欢怎样的幼儿园课程？教师应该构建怎样的课程才能满足不同幼儿的发展需求？我们始终在探寻。

对幼儿来说，课程的学习就是生活的过程，就是游戏的过程。幼儿的生活是具体的、变化的，幼儿园课程也是动态的、不断生发的。课程的生发有许多视角，也有不同的方式。构建课程的过程，是教师学习用特定的方式来理解幼儿、理解幼儿的成长及理解幼儿教师这个职业的过程。我们始终以“关注生活、发现儿童”为核心，致力于践行“儿童立场、生活逻辑、游戏探究”的课程理念，秉承“生本化、班本化、园本化”的课程创生原则，聚焦吴地特有的课程资源，助力幼儿在吴地文化的浸润中自然成长。

以游戏为基本活动的幼儿园课程，其开放性和不确定性，对教师的课程规划提出了全新的挑战。以“幼儿为本”的理念，要求教师“尊重幼儿权益，以幼儿为主体，充分调动和发挥幼儿的主动性，遵循幼儿身心发展特点和保教活动规律，提供适合的教育保障，促进幼儿快乐健康成长”。教师要认识到，幼儿是课程的参与者、体验者和评价者、幼儿园一日生活中的每个环节，都应该强调、尊重幼儿发展的特点和规律，去探索、满足幼儿需求。同时，从游戏出发，把握幼儿自主探索游戏的学习特点，通过有效的观察、支持和策略调整，来促进幼儿的学习和发展。

我们的问题和建议

问题一 如何生发幼儿园的园本课程？

园本课程，是以园为本的课程，是幼儿园根据实际编制的适合自己的课程。幼儿园园本课程的生发，是幼儿园课程改革的重要体现，是实现课程适宜性的关键所在。《幼儿园教育指导纲要（试行）》指出，从本地、本园的条件出发，结合本班的实际，综合利用各种教育资源，制订切实可行的工作计划并灵活执行。

幼儿园园本课程的生发，是一件复杂且专业的事情，需要从研究幼儿开始，了解幼儿的内在兴趣和发展的需要。需要充分挖掘本土本园可利用的资源，构建适宜幼儿发展的园本课程。

1. 因地制宜

幼儿园没有统一的教材，因此，幼儿园园本课程生发的自主空间很大。园本课程建设，贵在合理地开发和使用本土资源。课程资源开发的广度，决定园本课程内容的丰富程度，课程资源的利用水平，又决定课程目标的实现程度。幼儿园不缺乏课程资源，缺乏的是善于发现和利用课程资源的眼睛。所以，课程资源的筛选，贵在因地制宜，考虑是否有助于促进幼儿的发展，是否具有适宜性、价值性、实用性。

2. 量体裁衣

园本课程开发的本质，是为了丰富幼儿的体验，提升幼儿的经验。为幼儿开设的课程，不仅要适应和促进幼儿的发展，还要为幼儿未来的学习做好准备。一种课程方案的适宜性再强，也不能满足所有孩子的发展需要。量体裁衣，就是让园本课程尽量去适应不同个体的需求。

佐藤学在《静悄悄的革命》中说，没有哪一个学习，与另一个学习场，飘逸着同样的气息，或有着完全相同的问题。在未真正了解每名幼儿独特的兴趣和需要的前提下，任何听起来悦耳动听的课程，都无法获得真正的成功，因为幼儿始终是我们最真实最重要的课程。幼儿园园本课程，既要满足幼儿当下的快乐和发展，也要满足幼儿长远的发展需求。

3. 因势利导

教师是园本课程中最重要的资源。教师既是课程意义建构者，也是课程催生者。教师要提升课程建设能力，在课程建设实践中不断发现，不断总结，不断反思，不断完善。

园本课程的建构，是一个实践过程、思考过程、改造过程和创新过程。尽管园本课程目标追求各异，课程资源开发形式不一，演绎不同的童年味道，但最终旨归还是幼儿和谐、适宜地成长和发展。

问题二 如何应对幼儿园园本课程创生的挑战？

随着《3—6岁儿童学习与发展指南》精神的贯彻落实，幼儿园课程形态也在不断发生变化。园本课程的开放性和创生性，对教师的课程规划能力提出了新的挑战。如何根据幼儿的发展情况、兴趣需要，结合幼儿园实际，创造性地开发和实施课程，实现幼儿多方面经验的有效增长和全面、富有个性的成长，是幼儿园园本课程创生的关键。

1. 循证，把准幼儿的发展点

面对幼儿突发的问题，是否需要在预设中纳入、吸收进课程预设，教师不能盲目下定义。教师可以采用问卷调查、有目的的观察、有准备的谈话、绘画表征等方式，把它清晰地呈现出来，反复揣摩和理解，以循证幼儿的现有基础。同时，链接《3—6岁儿童学习与发展指南》中的指标及幼儿的年龄特点，思考以下问题：幼儿当下的活动有什么样的可能性？是否具有复杂性和深度？是否符合幼儿的兴趣和发展规律？问题的思考能帮助教师甄别偶发事件中蕴含的价值，循证幼儿可能的发展点，从而更好地为幼儿的学习和发展服务。

2. 支持，触发幼儿的生长点

教师不能把儿童的兴趣当作发展的支点，根据自己的逻辑和教育意图进行主观式的课程规划。教师要发挥自己的专业性，主动把握课程的发展方向，可以以个人分享、团队讨论等形式将个体兴趣扩散，由点及面，将幼儿与其他幼儿联结起来，深入探索。教师可以让他们带着疑问展开小组活动，用多种方式去了解自己想要知道的内容；也可以让幼儿自己解决发现的问题，在体验中发展。无论是哪种形式，教师都要敢于偶尔放弃自己的主观预设，追随幼儿的兴趣，营造宽松的环境，打造平等的师幼关系，将幼儿的问题交给幼儿自己解决，而教师在适当的时候给予一定的支持即可。

3. 记录，思考幼儿的潜力点

在生成性探究过程中，幼儿的问题是不断变化的。此时，幼儿的记录表等游戏过程性资料就显得尤为重要。它既能成为幼儿分享、重温学习过程的载体，又是教师反思和评价自己的支持是否有效的有力工具。借助档案资料的梳理，教师可以有目的地引导幼儿关注自己忽略的现象或材料，启发幼儿从新的角度思考问题，不断挖掘自身成长的潜力点。

问题三 如何开发和利用幼儿园课程资源？

1. 幼儿园课程资源的概念

幼儿园课程资源是指课程设计、实施和评价等过程中可利用的一切人力、物力、社会文化及自然因素的总和。它包括社会资源（人文景观、基础设施等）、文化资源（民间艺术、传统习俗等）、自然资源（植物、动物等）、家长资源（技术支持、活动志愿者等）。只有推进课程资源的深度开发与利用，助推课程发展，才能真正发挥课程资源的价值，促进幼儿的发展。

在开发与利用幼儿园课程资源的大环境下，为最大限度地发挥周边资源的有效价值，幼儿园可以从园内、园外两方面着手，整合资源，建构资源地图。

幼儿园的园内资源，是幼儿最熟悉的，须用足、用好。举个例子，每所幼儿园都有树，但幼儿统计过幼儿园内有多少棵树吗？它们分别是什么树呢？哪些树会结果？哪些树能开花？哪棵树是幼儿园里最粗的？哪棵树最高？树是谁种的？树下有哪些有趣的故事？这些都可以成为课程资源，围绕树的资源开展统计、测量、调查、记录、讲故事等活动。幼儿园园内的课程资源无处不在，如幼儿园的小朋友、教师等都是宝贵的资源。

园外资源（图 7-1）可以从社区和地域文化着手。选择对幼儿有价值的地域文化资源，遵循幼儿的学习方式和特点，巧用家长资源，用幼儿可感知体验、可实际操作、可引发思维碰撞的方式开展“活”教育。

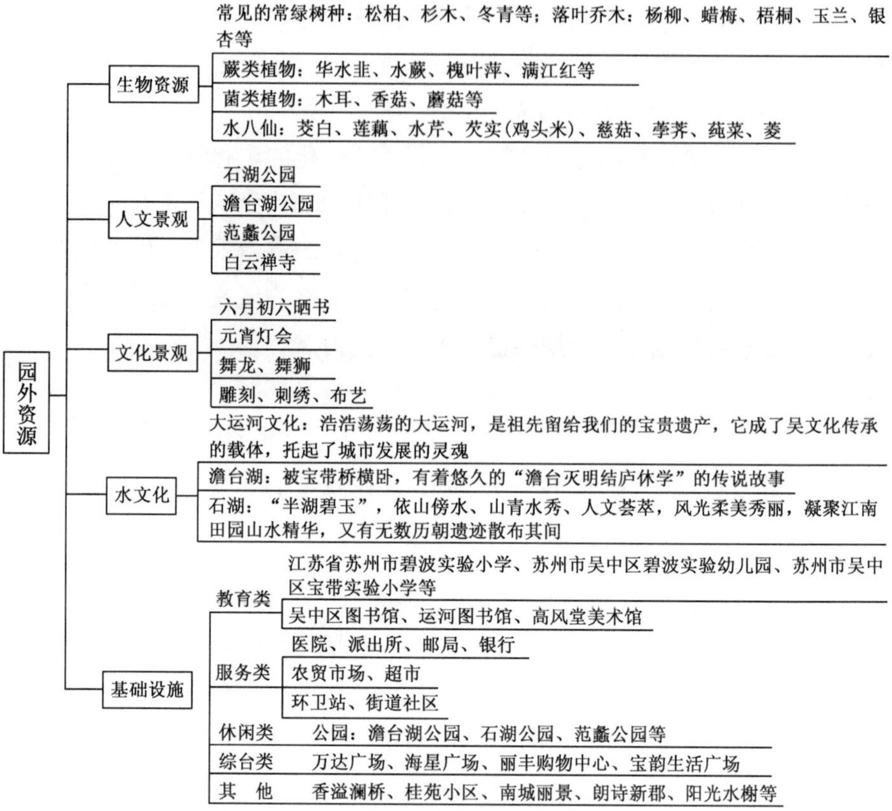

图 7-1　园外资源

2. 开发和利用幼儿园课程资源

(1) 儿童本位，开发资源

幼儿园课程资源的开发与利用遵循“资源—活动—经验”的理念。不同的资源具有不同的价值，教师对动态资源库敏锐的洞察力和适宜的支持可以促进活动中幼儿经验的生成。首先，思考“有什么”可能引发的活动；其次，分析蕴含的经验；最后，提供支架策略，促成幼儿有意义地学习。

(2) 教研跟进，价值判断

在课程内容方面，结合园所内外各类资源进行整合和完善，对主题审议不断丰富和拓展，如选择性审议，资源在课程中可操作价值的合理性审议；展开性审议，资源开发进一步展开的审议；论证性审议，以资源开发设想、方案或计划的可行性或合理性为审议内容；判定性审议，以资源利用及其成效的价值判断为内容的审议；形成性审议，以即时更新资源为目的的审议。

联系幼儿真实的生活，最大限度地利用幼儿直接感知、实际操作、亲身体验的机会，促进幼儿与资源的有效互动，支持幼儿的学习与发展。

（3）探索取向，盘活资源

虞永平教授指出，幼儿园课程资源的利用不是对生活的简单复制，教师需要发现蕴含在这些资源中同质异态的永恒价值，从而帮助幼儿更好地成长。在课程资源的利用中，引导教师针对幼儿的经验，解读和辨析活动案例的价值，引发教师深度思考：基于本班幼儿的学习与发展，怎么活用幼儿园课程资源？

幼儿园课程资源的开发与利用，吴地自然与人文资源的融入，实际上是为了增强幼儿园课程内容与幼儿生活的联系，为了使幼儿课程实施的过程更加符合幼儿的学习特点和认知规律，更基于幼儿的立场和实际需要。

问题四 如何通过开展教研活动助力课程的生发和生长？

教师是建构和实施课程的实践主体，教师的研究、思考、行动力决定着园所课程建设的广度和深度。教研本身具有桥梁属性，能将教师站位、课改方向转变为能落地的课程行动，进而实现课程理念和教研文化的整体推进。无论是课程的生发还是教师职业胜任力的提升，都离不开教研活动的深入。而在一些教研活动中，经常会发现有以下问题：第一，教研内容脱离实际；第二，教研过程流于形式；第三，教研模式陈旧固化。

主题式教研是汇总教师群体在实践中的困惑和问题，通过梳理、归类，归纳出共性的、亟待解决的问题，它侧重以问题为驱动，挖掘适宜的主题开展研讨。可从以下两个方面开展。

一、问题导向，解决课程建设实际问题

首先，组建支架。在开展主题式教研前，围绕问题在教师群体中进行深度访谈，根据课程建设的需要筛选出主要的研究内容。其次，拾级而上。教师要进一步根据实践需求确认教研内容，聚焦到单次教研活动的具体内容，在此基础上完成课程话题的分级分类。最后，形成问题链。主题式教研的推进是服务于课程的。主题式教研已经从单一的讨论式衍生出形式多样、内容丰富的研讨方式。需要注意以下内容：单次的教研内容要做到小点切入、深入研究，主题式教研要做到课程化、系列化。两者连点成线，前后承接，助

力教师持续积蓄课程生长力。

二、人人参与，在研究实践中共同成长

第一，构建教研体系。课程建设由上至下分为“园—级—班”三个层级。第一级的教研对象主要是课程管理者，通过主题式教研从课程理念、课程目标、课程管理、课程评价等方面全面了解构建的课程体系。第二级的教研对象是全体教师，基于课程实践，培养“尊重儿童、了解儿童、支持儿童、发展儿童”的专业人士，这是一所幼儿园建构课程过程中的“优质血液”。第三级的教研单位是同班教师，他们对课程生发的敏感性驱动着课程的纵深跃进。

第二，拓宽教研主体。如何通过主题教研，提高教师参与课程建设的积极性，提升教师执行课程方案的自觉性和执行力，把课程实施作为自身专业化发展的平台，从而进一步促进幼儿园对课程建设和实施过程的有效管理。在教研中，我们提倡每个参研人都是教研主体，一方面，一个主题下的组织者不再固定，人人都是课程的思考者；另一方面，在教研中组织者运用不同的策略让不同类型的教师都积极参与课程生发的焦点话题，在对等、人人参与的氛围中碰撞出更多的火花。课程改革推动教研深入；教研活动又助推课程建设。

第三，加强资源共享。教研的形式应多样，注重教研的落地。教研场域内各主体针对外在理论与他者经验内化、自身认知外化、实践改进进行的信息交互是课程建设的重要路径之一。主要分为人本对话、人际对话、自我对话三个维度。人本对话是指进入教研现场前教师对课程建设的相关理论进行研读；人际对话是指在教研中及活动后基于现场体验进行各主体共同参与的深入交流；自我对话是指教研中对相同课程资源利用方式的自我质疑和答疑，这是推动课程建设走向高质量的有力杠杆。

综上，主题式教研的“内容链”“研究链”，均来源于课程实践，同时也将回到课程实践中进行验证。教师用研究的视角积极建构课程，用教研的态度助力课程生长，充分展现课程游戏化背景下幼儿园课程建构的魅力。

我们的案例

案例一 幼儿园旁边有座桥

一、故事缘起

一天，幼儿一早就坐在一起热火朝天地讨论着什么。我好奇地凑上去，轩轩忍不住说："老师，蕙蕙说从宝带桥上可以看到53个月亮，这世界上怎么可能有53个月亮呢？"蕙蕙反驳道："宝带桥有53个桥洞，每个桥洞都能印出月亮的影子，所以就有53个月亮了。"城城疑惑地问："宝带桥为什么叫这个名字呢？那叫月亮桥不是更好听吗？"彤彤说起了自己去宝带桥的经历："以前，我晚上和妈妈一起去宝带桥那里散步，可是最近那里在施工，桥已经封掉了，不能去看了。"浩麟一听，激动地分享着最新的消息："我和你们说，现在可以从吴中博物馆那里走过去，那边造了一个小公园，沿着公园就能看到啦！"

我们幼儿园距离宝带桥很近，幼儿对这座熟悉又带有神秘的宝带桥充满了好奇心，同时也因为宝带桥所具有的独特魅力和教育价值，我们准备抓住这一契机，与幼儿一起走进宝带桥，了解宝带桥的秘密。

二、探访之前需要做的准备

为了有目的和有计划地展开调查，我请他们想一想去之前需要做好哪些准备，并说一说对此次调查之行有疑问的地方。

铭铭说："我们去桥上看什么？问什么？"

彤彤说："我们不会写字，怎样把采访到的内容记录下来呢？"

蕙蕙说："之前，我们做过柿子的调查表，可以再做一个宝带桥的调查表呀！"

他们的发言启发了大家，调查表上应包含哪些信息呢？小米说："我知

道。左边写调查的问题，右边记录答案。”大米说：“第一个是问号的标记，可以把宝带桥的问题画在这里。”蕙蕙有点无奈地说：“如果格子都画满了，有了新问题该怎么办呢？”小芒果说：“我们可以给左边留几个空白的格子呀，这样有了新的问题就能加进去啦！”经过讨论，幼儿最终设计出了自己的宝带桥调查表。

三、去宝带桥

准备妥当后，大家决定在周六下午两点和家长一同前往，在桥口处的观景台欣赏整座桥的模样，幼儿你一言我一语地讨论起来。

“我发现它的形状跟我爸爸的裤腰带有点像呢！”子衿感慨道。浩浩看到宝带桥的桥口有一对石狮子，便问：“这对石狮子有什么用呢？”上了桥后，幼儿发现在桥的两边有很多小洞，像是护栏留下的痕迹，疑惑地问：“是不是宝带桥上原来也装过护栏呀？可为什么又拆掉了呢？”“这里的台阶好低呀，我一下子就能跨好几个呢！”“你们看，在这座拱形桥的中间还有一个像水花的花纹呢！它有什么用啊？”幼儿一边观察，一边将这些新发现的问题记录在宝带桥调查表中。

在参观的过程中，旁边大运河上的船只络绎不绝，蕙蕙注意到这一点，若有所思地说：“我明白了，你们看河上有这么多船，因此，需要很多桥洞，那三个高高的桥洞就是让高的船通过的吧！”大米指着一根柱子说出自己的推测：“这根柱子刚好在桥的中间，我想是让桥更加坚固，不让河水冲坏。”

幼儿根据各自的观察，对新提出的问题进行推测。

四、采访附近的居民，解开疑惑

为了验证猜想，幼儿开始采访起附近的居民，寻找答案。铭铭看到桥上站着一位爷爷，他勇敢地走过去问了起来。爷爷笑眯眯地说：“宝带桥上这些桥孔不只是为了让船通过，还有泄洪的功能呢！”“什么是泄洪呀?”“如果河里的水太多，就会把桥和两边的房子给淹没。就像我们如果往杯子里倒太多的水，水就会溢出来。所以我们要在水溢出来之前把它放掉，这就叫泄洪。”旁边的奶奶补充道：“这座桥是古时候一个叫王仲舒的人卖掉了一条玉带才有钱建起来的哟！你看，这座桥的样子也跟玉带很像，所以叫宝带桥，还可以叫玉带桥。”

通过这次参观，幼儿了解到将石狮子放在桥头是因为古代的人相信狮子能帮人们躲避灾难，抱绣球的是母狮子，没有抱绣球的是公狮子；桥中间的花纹叫作桥心石，代表着好运、健康和吉祥；桥上没有栏杆，是因为这里的风比较大，需要拉着船才能通过，为了方便船夫拉船，因此，桥面做得很平。到了每年的中秋节，人们都会来这里赏月，这时大大、圆圆的月亮就会倒映在每个桥洞中，因此，才有53个月亮和“宝带串月”的故事。彩虹忍不住感叹：“没想到我每天散步的桥竟然有这么多故事！”浩浩说：“是啊！今天听了爷爷奶奶讲的故事，我才知道为什么叫宝带桥。”梓桐惊叹道：“原来这些石狮子、花纹和桥洞都有不同的作用，古时候的人真是太厉害了！”

五、在班级搭建一座“宝带桥”

这段时间，幼儿时常聚在一起讨论宝带桥，不断分享着新发现。我们也结合幼儿的兴趣调整了区域的内容，在美工区创作了“我心中的宝带桥”，在图书区增添了自制的“宝带桥小书”，建构区的幼儿对宝带桥的建造产生了兴趣，尝试搭建一座宝带桥……

1. 用纸造一座宝带桥

教师在区域中投放了不同材质的材料，有积木、吸管、纸杯等，激发幼儿对建桥的想象与思考。几个幼儿看到一张又一张的白纸，好奇地做了起来。不一会儿，他们就做出了各种各样的桥，并相互介绍着。

彤彤说：“你看，我用折扇子的方法制作了W桥。”

梓辰说：“我把纸弯过来，看，这就是最简单的拱形桥。”

教师说：“那你们的纸桥能承受重量吗?”

彩虹说：“当然不能啦！纸软塌塌的，放点东西就塌了。”

大部分幼儿十分肯定地认为纸桥不能承受重量，还有几个幼儿似乎有些犹豫，没有回答。小米找来一张白纸，平放在两块积木之间，并在纸上放置雪花片，当放上六个雪花片时，白纸完全塌了下来。旁边的梓辰却激动地说：“老师，快看，我的纸桥很厉害哟!”原来他把纸卷成了拱形，六个雪花片都能稳稳地落在上面。这时，彩虹有了新的灵感：“如果我们把这些拼在一起，是不是就是宝带桥了?”彩虹的想法得到了大家的一致赞同。大家兴致勃勃地行动起来，有的开始卷纸造桥，有的寻找胶水，准备将它们一个又一个地拼在一起。经过大家的努力，虽然拼接的部位没能很好地对齐，但宝带桥已经初具雏形。

2. 在沙水区造桥

沙水区有一座桥，每每经过此，幼儿都忍不住感叹：“如果能把‘宝带桥’建造在这里就好了!”于是，我们便带幼儿到沙水区造桥。建构前，我先让幼儿以分组的形式探讨“在幼儿园中有什么玩具可以用来搭‘宝带桥’?”，让他们结合已有经验大胆思考。第一组的幼儿发现了跷跷板，他们提出可以用跷跷板作桥面。但没想到由于河底铺的是鹅卵石，而拱形架和跷跷板都是塑料材质的，放入小河后，在水的冲击下，跷跷板总是从拱形架上掉下来。整个桥面此起彼伏，根本不像又平又稳的宝带桥。

到底什么材料适合用作桥面呢？有人提到攀爬区的平衡木，于是大家合力把它搬了过来，放在拱形架上，但木板还是会晃动。成成建议在两座拱形桥桥洞的中间放上攀爬桩，这样木板就能固定住了。文琦发出了感叹：“这个桥面太合适了，又平又稳。”通过这几次实验，幼儿确定好了建桥材料——用拱形积木作桥洞，用平衡木作桥面，用攀爬桩作桥柱，用积木块填补空隙。桥面固定下来后，玟伊拿起身边的绳子，用绳在桥面上绕了一圈又一圈，她告诉大家，这代表立在桥两边的狮子。在大家的协商合作下，幼儿利用户外资源成功构建了一座属于幼儿园小朋友的宝带桥。

知道了宝带桥的历史后，幼儿感受到这座古桥的珍贵与建造的不易和艰辛，萌生了保护古桥的想法。幼儿结合日常的观察和经验说了起来：“要告诉大家不能在石狮子上乱涂乱画。”“也不能在桥上乱扔垃圾。”“我们可以提醒人们不要在上面打闹，因为没有栏杆，很危险。”讨论过后，幼儿以“保护宝带桥”为主题设计宣传画，并把自己了解到的宝带桥的故事分享给幼儿园许多班级的幼儿，还面向家长制作了宣传手册，在放学时分发给家长，呼吁大家一起爱护宝带桥……

宝带桥既是中国的古桥之一，也是我们幼儿园周边的文化资源。在活动中，我们将主动权交给幼儿，他们通过讨论宝带桥、探访宝带桥、搜集资料等，获得对宝带桥的进一步认识。同时，宝带桥调查表不仅为观察幼儿的行为和回顾活动提供了参考和依据，也为幼儿的活动推进提供了相应的支持。

在活动中，我们鼓励幼儿与同伴、家长、当地居民、讲解员充分对话，了解宝带桥，让幼儿分享活动中的收获，并探讨各自的困惑和问题，引导幼儿以集体、分组等形式展开讨论、探索交流，鼓励幼儿从自我融入大社会，让幼儿在发现问题、探究问题、解决问题的过程中，完成从被动交流到主动对话的转变。幼儿从对宝带桥的好奇，到了解宝带桥的人文价值，再到了解宝带桥的建构特点，尝试搭建宝带桥，最终萌生保护古桥的意识并付诸实际行动，从而与周边的环境建立起特别的情感纽带，自觉做好文物保护的传承者。

（吴中区城区幼儿园　王彤彤　顾雨清）

案例二　我们的水稻田

园本课程“儿童的水稻田”，以问题为导向，鼓励幼儿通过实践获取核心经验，促进其各方面能力的发展。

苏州市吴中区横泾实验幼儿园（以下简称“横泾实验幼儿园”）位于太湖之畔，横泾稻田阡陌纵横，盛产稻米。横泾的幼儿就在稻田旁长大，稻子对他们来说既是熟悉的老朋友，也是陌生的新朋友，稻田中蕴藏着的秘密正待他们去发现。

一、从本土资源中发现课程

虞永平教授曾说过：“园本课程追求的不是要有自己的课程，而是要有适宜于自己的课程。”我们关注到身边的资源，尝试拓展园本课程的空间及可能性。自 2017 年起，我们依托丰富的、触手可及的水稻资源，开启了幼儿的水稻田课程的探究之旅。

二、从“儿童经验”中走进课程

幼儿的水稻田经验源自生活，他们从不同的季节中感知水稻生长的不同阶段：春天长出幼苗；夏天成秧、拔节、孕穗、抽穗、扬花；秋天收获。在探究过程中，幼儿可以感知时间的流动和四季的变更，并通过设计、操作、劳动等方式来扩大生活圈，从而亲身体会到粒粒皆辛苦。

我们的水稻田，是一片从幼儿视角、幼儿已有经验、幼儿可持续成长出发的，让幼儿触摸自然的田地。在那里，幼儿可以进行水稻种植、浇灌、除草、收割等真实场景下的实践活动。教师化身为稻田里的守望者，走近幼儿，观察幼儿，读懂幼儿，让幼儿在劳作的同时，感受家乡的“稻”文化，感受古老的农耕文化，为童年生活留下一笔可贵的人生财富，从而获得长远的发展。

三、课程的实施与发展

在共生、共建、共享课程的过程中，我们关注幼儿核心经验的发展，主要通过以下三个关键点来具体落实。

1. 聚焦资源，观察发现，以情境为支持

（1）问题情境

提出问题既是解决问题的第一步，也是最困难的一步。在幼儿的生活中，提问常常是幼儿探索世界的一种有效方式和途径。稻田是幼儿身边珍贵的自然资源，幼儿在稻田里劳动会遇到各种问题，并在真实的情境中通过多种途径探索并尝试解决问题，发展学习品质。

① 新问题情境。在幼儿原有的知识储备和经验的基础上，有意识地让幼儿遇到新的困境，形成新的问题情境。如：“水稻是怎么长出来的?”“怎么将水引入水稻田呢?”

② 问题的发现情境。通过呈现一定的背景材料，引出新的课程问题。通过引导幼儿发现问题的特征或内在规律，产生新的课程经验的一种问题情境。如：“水稻田里怎么会有小蝌蚪呀?”“水稻长高了，长高了多少呢?”

③ 问题的解决情境。直接呈现一个问题，围绕如何解决这一问题去组织幼儿学习、探究、寻求解决的一种问题情境。如：“稻谷怎么发芽呢?”“暑假我们放假了，怎么照顾水稻田呢?”

（2）生活情境

① 生活的模拟情境。幼儿园初期没有水稻田，当幼儿想要拥有自己的水稻田时，我们就和幼儿一起挖掘了一隅幼儿园内的水稻田。我们引导幼儿育苗、插秧、浇灌、施肥、除草、收割等，让幼儿提升能力、开拓思维、收获快乐。

② 生活的生成情境。幼儿在水稻田里收获了稻草、稻谷。幼儿可以制

作稻草制品、稻米美食，如稻草相框、稻草人、稻草手环等，然后进行义卖，最后将义卖所得捐赠给山区的孩子们。

（3）艺术情境

① 音乐艺术情境。幼儿园的水稻田里到处都是幼儿劳动的身影和悦耳的蛙声……

② 美术艺术情境。幼儿园的水稻田里有努力生长的、充满勃勃生机的水稻，还有那在水里游来游去的小蝌蚪……用相机记录精彩的时刻，用画笔描绘幼儿成长的快乐。

2. 对话互动，探究实践，以经验为基础

系统活动、项目活动、生活活动、游戏活动和亲子活动是幼儿园的水稻田课程的五个实施途径，这五个实施途径为教师进行幼儿园的水稻田课程提供了多样化的方法，为幼儿学习提供了多样化的通道。

幼儿在幼儿园的水稻田特色教育活动中，了解水稻的生长过程、农耕的相关工具等；小班幼儿初步学会使用图画，中班幼儿主要使用表格，大班幼儿综合使用图画、表格等工具。通过运用表格等工具，幼儿发展运用工具观察、记录和表达的能力，学会观察，学会表达，学会创造；引导幼儿亲近自然，让幼儿体会到劳动的艰辛和快乐，珍惜本土资源，保护环境，激发潜能，促进多元发展。

以稻田里的资源为媒介，运用有效的支持策略，将课程灵活地运用到集体活动、区域活动、家园活动等不同的活动中，提取有价值的核心经验，支持幼儿在活动中运用多种感官，实现多元发展。在探索和实施的过程中，我们着眼于幼儿的发展和一日生活的完善，在摸索、总结、反思、完善中，逐渐形成课程实施途径。

在园本课程建构的过程中，教师为幼儿搭建学习的支架，支持幼儿开展有意义的学习，不断优化课程的建设，以期让幼儿能在发现问题、分析问题、解决问题、反思优化中获取核心经验，并且能以真实问题激发内在学习动机，以积极的认知活动促进高阶思维的发展，以多向互动实现深度交流与合作。

3. 丰富内涵，形成合力，以活动为契机

我们充分利用幼儿园周边及社区等资源，开展一系列丰富、多元的活动和游戏，如稻草游戏、稻草节活动等。

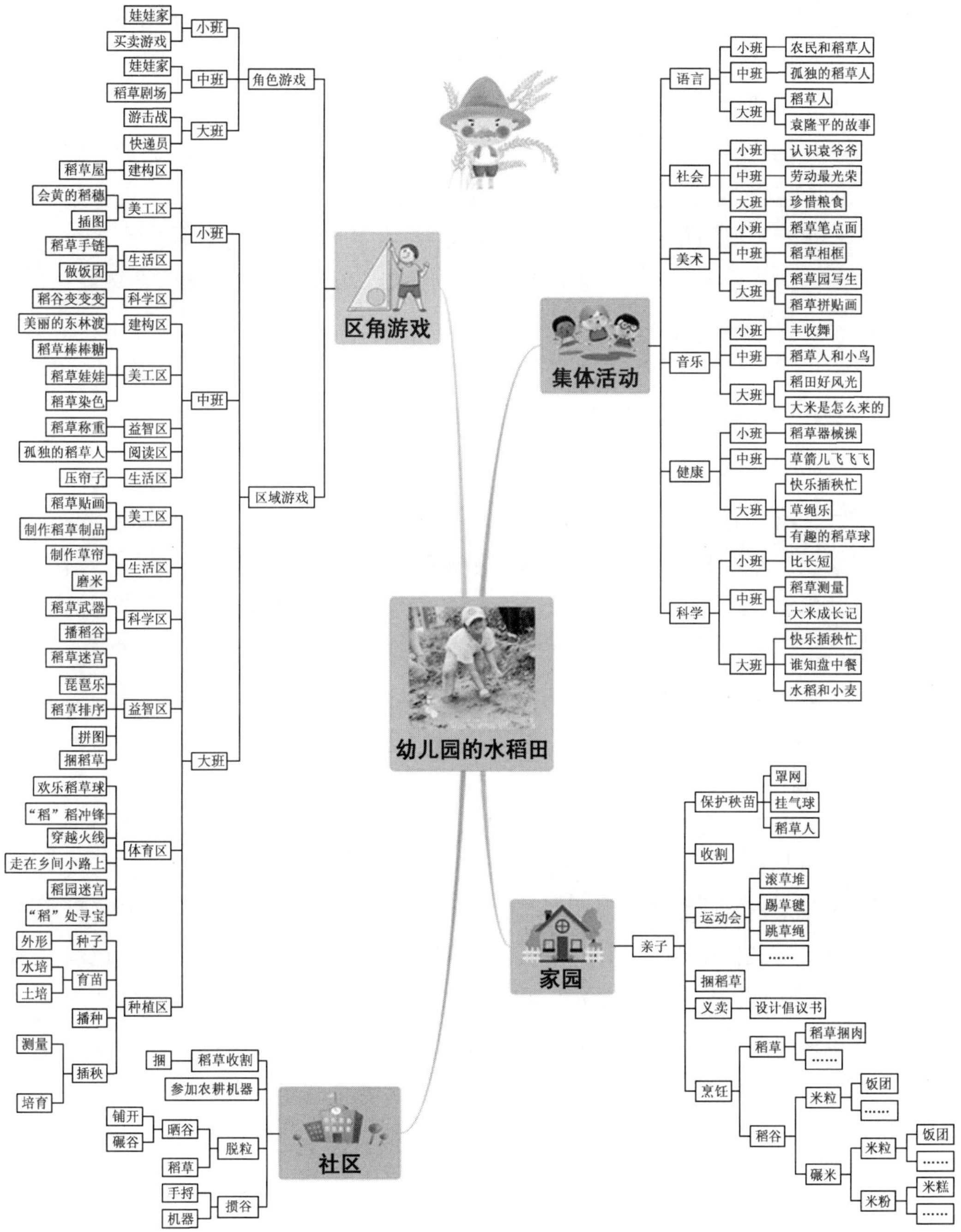
幼儿园的水稻田
区角游戏
角色游戏
小班
娃娃家
买卖游戏
中班
娃娃家
稻草剧场
大班
游击战
快递员
区域游戏
小班
建构区
稻草屋
美工区
会黄的稻穗
插图
生活区
稻草手链
做饭团
科学区
稻谷变变变
中班
建构区
美丽的东林渡
美工区
稻草棒棒糖
稻草娃娃
稻草染色
益智区
稻草称重
阅读区
孤独的稻草人
生活区
压帘子
大班
美工区
稻草贴画
制作稻草制品
生活区
制作草帘
磨米
科学区
稻草武器
播稻谷
益智区
稻草迷宫
琵琶乐
稻草排序
拼图
捆稻草
体育区
欢乐稻草球
“稻”稻冲锋
穿越火线
走在乡间小路上
稻园迷宫
“稻”处寻宝
种植区
种子
外形
育苗
水培
土培
播种
插秧
测量
培育
集体活动
语言
小班
农民和稻草人
中班
孤独的稻草人
大班
稻草人
袁隆平的故事
社会
小班
认识袁爷爷
中班
劳动最光荣
大班
珍惜粮食
美术
小班
稻草笔点画
中班
稻草相框
大班
稻草园写生
稻草拼贴画
音乐
小班
丰收舞
中班
稻草人和小鸟
大班
稻田好风光
大米是怎么来的
健康
小班
稻草器械操
中班
草箭儿飞飞飞
大班
快乐插秧忙
草绳乐
有趣的稻草球
科学
小班
比长短
中班
稻草测量
大米成长记
大班
快乐插秧忙
谁知盘中餐
水稻和小麦
家园
亲子
保护秧苗
罩网
挂气球
稻草人
收割
运动会
滚草堆
踢草毽
跳草绳
……
捆稻草
义卖
设计倡议书
烹饪
稻草
稻草捆肉
……
稻谷
米粒
饭团
……
碾米
米粒
饭团
……
米粉
米糕
……
社区
稻草收割
捆
参加农耕机器
脱粒
晒谷
铺开
碾谷
稻草
掼谷
手捋
机器

在园本课程研究中，我们重视幼儿的学习、教师的支持和幼儿园的变化。我们更聚焦幼儿的学习方式，遵循他们的意愿和需求，充分信任他们，支持他们，鼓励他们试错，允许他们留白，支持他们实现自我发展。

立足幼儿园的水稻田，我们共同研究，层层推进，构建动态、开放、鲜活的园本课程，开展课程实践，助推园本课程的建构，继续关注幼儿的核心经验，逐步实现幼儿与自然资源、与课程共生共长的教育生态关系。

（横泾实验幼儿园　庄雪金　郭园园　陆凤静）

案例三　大班主题活动有趣的端午节

传统节日文化是中国传统文化的重要组成部分，它彰显了中华民族的集体智慧，蕴含了中华民族的民族精神，体现了中华民族发展的历史底蕴。在教育领域，尤其是在学前教育领域，重视传统节日文化教育，不仅有利于培养幼儿传承传统节日文化的意识，还有利于带动家长对传统节日文化学习的重视。

课程资源是幼儿园课程建设的重要载体，丰富多样的、适宜恰当的课程资源隐藏着幼儿多方面学习、探索的兴趣，能激发幼儿自主探索、自主发现、自主学习。虞永平教授在《幼儿园课程建设的路向》一文中也指出，幼儿园课程存在于生活之中，要充分开发与利用。而传统节日文化资源本身就具有生活性、稚拙性、娱乐性等特点，符合幼儿园课程生活化，所以传统节日文化资源是独具价值的、鲜活的幼儿园课程资源。我们将吴地传统节日文化引入课程，让优秀的吴地节日文化资源为课程服务，让幼儿通过一个个的节日主题活动，积累相关的经验，潜移默化地接受吴地优秀传统文化的熏陶。如何整合多方资源，如何灵活运用适宜的资源为教师的课程实施提供坚实的保障，是幼儿园一直在探索和研究的问题。幼儿园秉持交互性原则和连续性原则规划课程资源，从而提升教师的课程资源意识和课程建设能力，下面以园本主题活动端午节为例，谈谈幼儿园的一些做法与思考。

一、收集和整理资源，做好课程规划

随着端午节的来临，幼儿已然在家庭、社会上获取了传统节日的信息资源，也激发了其学习的兴趣。于是，我们随着幼儿的学习兴趣，通过发放端

午节前期问题调查表（表 7-1）等，积累幼儿的经验，帮助幼儿梳理在讨论中出现的有关端午节的问题。

表 7-1 端午节前期问题调查表

问题
• 端午节是怎么来的？
• 为什么端午节要吃粽子而不是吃饺子？
• 端午节是不是只是纪念屈原的日子？
• 屈原是不是姓屈呢？
• 粽子是用什么包的？
• 端午节为什么要吃“五黄”？“五黄”指什么？
• 端午节为什么要挂香包？
• 香包里面放了什么东西？为什么会这么香？
• 端午节为什么要赛龙舟呢？

在实施端午节课程主题活动前，大家一起挖掘和整理幼儿园及周边可利用的资源。通过翻阅园内已有课程的资源卡，对照园部课程提供的资源卡，增加原本忽视的课程资源内容，删减没必要的资源。

根据相关端午节所收集的课程资源，大家初步整理出以下的系列主题活动：“话端午，画龙舟”——聊聊端午节的来历和习俗，画画龙舟，体验创作的快乐；“齐努力，赛龙舟”——让幼儿齐心协力穿大鞋、赛龙舟，体验“龙舟精神”；“小巧手，做香包”——根据幼儿兴趣，开展做香包活动；“邀奶奶，包粽子”——利用家长资源，进行亲子包粽子活动；“大带小，品粽子”——让大班幼儿带着小班幼儿品尝粽子，分享成果。

二、依托区域游戏，支持深度学习

在班级区域游戏中，教师对班级空间进行合理的布局和科学的规划，幼儿在端午节主题背景下对材料和资源进行巧妙的组装与改造，幼儿在游戏活动中，与材料互动、对话，进行有效的学习。我们整合端午节课程资源，为幼儿创设区域环境、提供相应的材料。鼓励幼儿将从课程主题教学活动中获得的经验、知识运用到游戏中，丰富和发展游戏，充分挖掘端午节课程资源

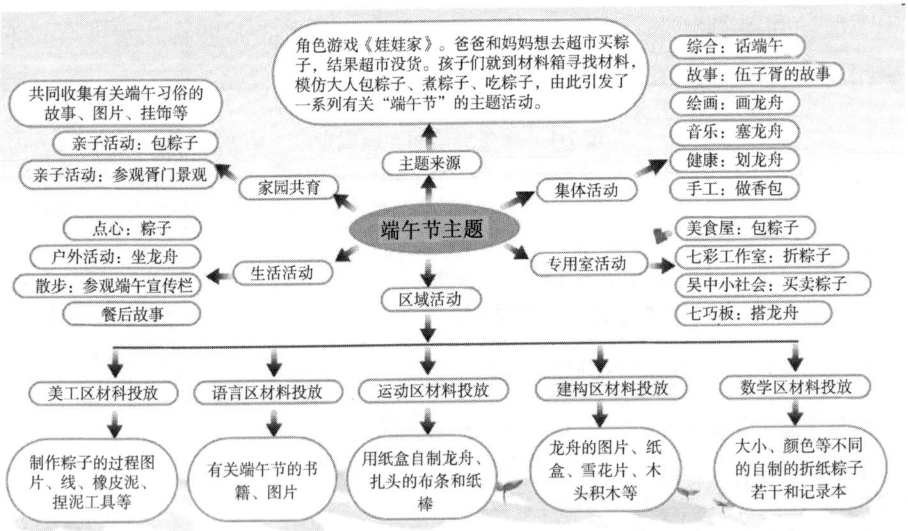

中的教育价值，支持幼儿在游戏中自主的活动和深度的学习。比如：表7-2是我们根据之前整理的与端午节相关的教育资源制作的端午节区域游戏安排表。

表7-2　端午节区域游戏安排表

区域名称	自选内容	核心经验	材料提供	指导策略
语言区	端午小故事	对端午节的习俗有基本的了解，听说过相关的故事	关于端午的书籍、图片	了解端午的习俗及故事，并能与同伴分享，发展语言表达能力
美工区	折、做粽子	通过折、绕、扎等做不同的粽子，可以练习操作技巧，促进其手眼协调能力的发展	粽子制作的过程图片、纸、线、橡皮泥、捏泥工具等	指导幼儿看分步示范图示进行操作
	做香包	在感知香囊特征的基础上，运用剪、贴、画等技能制作	折纸、剪刀、固体胶、水彩笔、毛线、流苏等	指导幼儿分步制作：①用剪刀剪出香囊的形状。②用水彩笔在香囊上画图案。③往香囊里面填充报纸片。④在香囊上方粘上毛线

续表

区域名称	自选内容	核心经验	材料提供	指导策略
美工区	画龙舟	观察赛龙舟的场景后，以绘画的形式进行创作	绘画纸、展示板、画画工具	用蜡笔和水彩笔结合的方式展现赛龙舟的场面
运动区	赛龙舟	尝试在合作中发展协调性，体验龙舟精神	用纸盒自制的龙舟、扎头的布条和纸棒	帮助幼儿组队，合作赛龙舟
	穿大鞋	在游戏中发展协调性和合作能力	大鞋若干	指导幼儿两两合作进行游戏
建筑区	搭龙舟	尝试用纸盒、雪花片、木头积木等材料，建构龙舟	龙舟的图片、纸盒、雪花片、木头积木等	尝试同伴间分工合作建构龙舟，同时搭建一些与之相关的景物
品尝区	吃粽子	在品尝不同味道粽子的基础上，说说各种不同粽子的味道和所用的食材	粽子、盘子、幼儿用的刀具等	引导幼儿自带粽子，品尝不同地方、不同风格、不同特色的粽子，并感受和分享美食的快乐
科学区	认一认	通过看、摸、闻感知这三种植物的特征，养殖蒜头，并做好记录	艾草、菖蒲、蒜头、观察记录本	感知这三种植物（艾草、菖蒲、蒜头）的特征，并了解它们的生长环境及生长过程。同时种植这三种植物并做好观察记录
数学区	粽子分类	运用粽子不同的特征分类并做好记录	大小、颜色等不同的自制的折纸粽子若干，记录本	根据粽子的不同特征进行分类，如大小、形状、颜色等并做好记录
材料区	百宝箱	根据区域游戏所需选择材料，注意分类摆放整齐	大小不同的纸箱，不同材质的包装纸，粗细不一的线，粽子叶，各种各样的豆、米、花生等	尝试选择相应的材料，愿意以物代物

三、盘活社会资源，推进课程深入

有效整合和盘活社会资源是支持端午节主题活动顺利开展的有效途径。美食屋亲子活动包粽子，幼儿和妈妈、奶奶一起学习包粽子，并把做好的粽子送给弟弟妹妹、保安叔叔等。在课程实施中，只有盘活社会资源，才能推进课程的深层发展，也能让家长更多地了解幼儿教育，支持幼儿活动，与教师、幼儿多互动，促进家园共育。

（吴中区幼儿教育中心园　濮乙舟　钟桢）

第八章 课程游戏化的吴中实践

孩子的世界，与成人截然不同；倘不先行理解，一味蛮做，便大碍于孩子的发达。

——鲁迅

引言

幼儿园课程游戏化，是一场课程改革，是幼儿园内涵建设和质量提升工程，也是贯彻落实《3—6岁儿童学习与发展指南》的重要举措。

苏州市吴中区，是吴文化的发源地，孕育了兵圣孙武、建筑大师蒯祥、政治家范仲淹、教育家叶圣陶等一大批著名的历史名人，区域崇文重教，高度重视学前教育的高质量发展，以“办好每一个园所、教好每一位孩子、发展好每一位教师”为出发点和立足点，深化幼儿园课程改革，以课程游戏精神为切入点，不断提升区域幼儿园的办园质量。

我们的问题和建议

问题一 课程游戏化建设，幼儿园有哪些变革？

幼儿园课程游戏化建设，是一个持续变革的过程。教师需要不断珍视游戏和生活的独特价值，相信每一个幼儿都是积极主动、有能力的学习者。明确以儿童立场为价值取向的幼儿园内涵发展总体思路。

1. 明晰课程游戏化理念

观念转变是课程游戏化的根本。没有理念支撑，课程游戏化的外在条件，很可能得不到充分利用，不能产生持续有效的活动，更不能转化为儿童的经验和发展。课程游戏化项目的推进，首先需要观念的转变。

行动支架和推荐做法：建立吴中区幼儿园专业书籍进阶阅读机制，共读儿童心理学或者观察评价等方面的经典书籍，提升儿童观察与行为分析能力。每所幼儿园从推荐书目中选择，先通读浏览，然后精读实践，尽可能将儿童发展、行为观察与分析同幼儿园的课程实践结合起来，个人阅读—集体研讨—亲身实践—再次集体研讨—再次实践调整。共读活动需征求教师的意见，建议全体教师人手一册；集体研讨不仅可以是有组织的，也可以是三三两两随时漫谈，鼓励教师认真阅读选定的专业书籍，并根据阅读体会、思考等撰写读书笔记。

2. 改造课程游戏化方案

课程游戏化过程不仅是课程改革的过程，也是不断提升课程适宜性的过程。幼儿园课程首先要适宜于儿童，适宜于儿童的身心发展规律，适宜于儿童的学习和发展需要。基于一套或多套现行课程方案，通过观察、记录、反思、研训等方式，从环境设置、游戏区域、活动组织及生活起居等各个方面，开展课程方案的适宜性改造，形成以游戏为基本活动方式、全面涵盖幼儿发展的幼儿园课程体系。

行动支架和推荐做法：审议幼儿园一日生活时间安排，建立稳定、有规律的一日生活流程，给予儿童更多自主活动的机会，注重动静交替，形成集体活动、区域活动、日常生活等各类活动科学组合的活动流程。审议课程内容，紧密联系生活实际，从儿童的需要和兴趣出发，在关注不同发展领域的关键经验的基础上，有针对性地确定课程内容。

3. 创建课程游戏化环境

游戏的开展需要环境的支持，需要营造合适的场所。环境是课程游戏化的关键因素，幼儿园要根据课程实施的需要，适时、动态地对幼儿的活动环境进行改造、调整，从室内环境到室外环境，从显性环境到隐性环境，营造课程游戏化的物化情境。

行动支架和推荐做法：从儿童视角出发，多层次立体化架构，把每一寸土地、每一块墙面、每一棵树、每一块石头，都还给幼儿，最大限度满足幼儿游戏的需要。拓宽户外活动场地，将灌木改为草坪，平地变为土坡，楼顶铺满绿草，白墙变为画板；丰富游戏区域，如沙池、水池、建构区、拓展区、养殖区、休闲区等；开发户外场地，让户外场地真正成为幼儿的生活场、游戏场、学习场。

4. 构建游戏化活动区域

以尊重幼儿兴趣爱好、激发幼儿自主活动为宗旨，根据课程实施和进展情况，创建数量充足、种类多样、材料丰富、与幼儿发展相适宜的游戏区域，区域活动中教师注重观察、适当介入、有效指导，为幼儿主动发展提供条件保障。

行动支架和推荐做法：区域活动组织当遵循整体性、自主性、开放性原则。区域创设要整合不同课程领域的学习内容，关注每个区域多领域经验的指向性，以及各区域活动之间的联系。区域材料以低结构为主，种类丰富，数量充足，便于幼儿使用和取放。每个班级的户外游戏材料和活动不少于5种；区域游戏时间不少于1.5小时，每个班级有6个左右的游戏区域，允许幼儿自己创造玩法。

5. 建设课程游戏化资源

课程资源的开发和利用应基于儿童立场，根据当地自然与人文环境丰富幼儿园的课程资源。开发以游戏为基本活动、以幼儿为主体、适合本园特点、有效促进幼儿学习与发展的课程。

行动支架和推荐做法：课程资源的开发，从幼儿熟悉的生活出发，先引导幼儿对常见事物和现象的特点、变化、规律产生兴趣和探究的欲望，然后提供相应资源为幼儿创造可直接感知、实际操作和亲身体验的机会。统筹游戏活动中的各类实物资源、社会专家资源和网络信息资源等，形成内容科学、管理有序、应用有效的幼儿园课程资源库。在整合全园课程资源的同时，要提高课程资源的共享度和利用率。

6. 开展家园合作、幼小衔接

幼儿园课程游戏化建设推进，需要家庭与社会的助力。通过开展家园合作、幼小合作，引导家长和小学教师掌握科学育儿的观念，让家长理解并参与到幼儿园课程改革中来，只有建立平等互信的关系，才能让寓教于乐的初衷得以实现。

行动支架和推荐做法：通过面对面的交流、教育讲座，对家长进行专业引领，将科学育儿理念根植于家长心中。通过幼儿园网站、微信公众号等与家长交流互通，倾听家长的意见和建议，分享幼儿的成长和进步。

问题二 幼儿园课程游戏化推进，吴中区有哪些特色经验？

吴中区共有幼儿园114所，专任幼儿园教师3246人，幼儿园数量多，教师队伍庞大。区域需要建立怎样的支持体系推动课程游戏化开展呢？我们认识到，需要凝聚共生力量，产生整体效应，建构“共同成长”理念下的支持体系。“共同成长”理念下的课程游戏化区域推进，就是建构良好的、互相支持的幼教成长生态圈，促进吴中幼儿教育的发展，即发展儿童，提升教师，提高幼儿园的整体教育质量。

1. 形成共建共研的实践样态

第一，区域层面的推进。教育局行政组织给予政策、制度及经费支持，教研专业团队给予智慧支持和理论引领，结合各条线工作的部署和推进，形成一月一推进、一学期一总结、课程游戏化 AB 联盟专项研究等运行机制。

第二，发展共同体层面的推进。组建发展共同体，加强园际联系，形成互促协作、共享共进的整体效应。完成公民办结对、业务协作组、办园联盟、科研协作共同体等的组建，采取组长轮流负责制，实现团队共进的发展模式，推进区域课程游戏化建设进程。

2. 建立互促共进的教研生态圈

创建全覆盖立体教研网络，分层抱团，扎实地推进课程游戏化建设。Ⅰ级区域教研，抱团发展，解决共性问题。Ⅱ级联片教研，均衡发展，形成互动的教研文化。Ⅲ级园本教研，个性发展，解决幼儿园实际问题。Ⅳ级级组教研，个体发展，展开反思和论证。

建立问题驱动、主题推进、话题共研的“跟进式”教研机制。各园、各联盟组、各区域教研室每学期重点聚焦 1—2 个问题，通过“沉浸现场—聚焦问题—展开对话—获得策略—回归实践—反思梳理”的闭环研修方式，形成有效问题解决策略。

共同成长理念下的区域推进，是依托幼儿园课程游戏化建设，实现师幼共同成长，区域、幼儿园互促成长的美好过程。

问题三 幼儿园课程游戏化推进，吴中区有哪些创新之举？

为推进幼儿园课程游戏化建设，吴中区以“行政推进、教研支撑、全区共建”为指导思想；以“园际联动、公民结对、协同共进”为工作思路；聚焦“区域共同体建设”“教师专业素养提升”两个重点，全面、深入推进区域课程游戏化建设。具体举措有以下几点。

1. 建构多方支持的区域推进机制

教育行政、教科研部门，在区域推进幼儿园课程游戏化建设中形成合力，确立以推进课程游戏化建设项目为主线，以“实践、调整、拓展、优化”为行动机制，将课程游戏化项目实施和区域课程实践相结合，将项目指导专家引领与区域常态化教研相整合，形成多方支持的区域课程游戏化推进长效机制。

2. 形成“领头雁”园所辐射引领推广机制

通过“领头雁”园所在区域课程建设中的实践与探索，运用比较成熟的实践做法和课程经验，去影响和辐射区域内的其他幼儿园，从而提炼出具有吴中特色的实践样态。全区各级各类幼儿园明确定位，分层、分批地推进幼儿园课程的适宜性建设，建构贴近幼儿生活、满足幼儿需要、促发幼儿有意义学习的各具特色的课程建设实践，促进区域幼儿园保教质量全面、均衡提升。

3. 探索因地制宜的园本课程建设样态

区域课程游戏化整体推进，落地于每所幼儿园的课程建设，落实于园本课程的优质度。自2014年起，吴中区将“丰富儿童体验，提升幼儿经验”作为课程建设的核心。各园课程与幼儿生活紧密相连，因地制宜开发了丰富的园本课程。如苏州市吴中区胥口中心幼儿园的“悦活田园”课程、吴中区幼儿教育中心园的“幸福小主人”课程、舟山实验幼儿园的“玩美”课程、横泾实验幼儿园的“稻香润童心”课程等。

问题四 作为专业的幼儿园老师，推荐阅读哪些书目？

随着幼儿园课程游戏化的不断推进，作为专业的幼儿园教师，现推荐以下阅读书目（★为重点推荐书目），让我们一起来阅读，从阅读中获得成长。

一、课程实践

- 《幼儿工作者的视野》
- 《寻找失落的游戏精神》
- 《幼儿行为观察与记录》
- 《儿童评价观察系统》
- 《观察：走进儿童的世界》
- 《观察儿童实践操作指南》
- 《让孩子自己玩游戏》
- 《与孩子共享自然》

★《与幼儿一起发现自然》

- 《读懂孩子的思维》

- 《向儿童学习：幼儿园教学反思》
- “从资源到经验”丛书
- 《热情投入的主动学习者》
- 《课程，拓展儿童的经验》

★《有效早期学习的特点：帮助幼儿成为终身学习者》

★《0—8 岁儿童学习环境创设》

★《学前教育机构质量评价系统》

- 《游戏是孩子的功课——幻想游戏的重要性》
- 《即兴课堂：幼儿园生成课程实践》
- 《幼儿与环境：致力于可持续发展的早期教育》
- 《关注儿童的生活：以儿童为中心的反思性课程设计》

二、课程模式

- 《开放课程》
- 《经验课程》
- 《田野课程》
- 《高瞻学前课程模式》
- 《高宽课程译丛》（全 5 册）
- 《建构主义取向的幼儿园课程与教学》
- 《儿童的一百种语言》

★《早期教育中的生成课程：从理论到实践》

三、教育理论

★《陈鹤琴全集》

- 《解读童心》
- 《儿童视角》
- 《幼儿全人教育》
- 《张雪门幼儿教育文集》
- 《与孩子们共同生活》
- 《幼儿教育的原点》
- 《学前儿童游戏论》
- 《儿童早期游戏规划》

★《让早期学习理论看得见》

★《游戏学习与早期教育课程》
•《幼儿在游戏中学习与发展》
•《游戏、儿童发展与早期教育》
★《读懂儿童的学习：理论、研究和实践运用》
★《早期教育的基本理念与最佳实践》
•《发展适宜性游戏：引导幼儿向更高水平发展》

四、教育小说和童话

★《爱弥儿》
★《窗边的小豆豆》
•《藤幼儿园的秘密》
•《林间最后的小孩——拯救自然缺失症儿童》
•《童年的秘密》
•《小王子》

我们的案例

案例一　从知道到做到

——教研实录：幼儿活动中教师介入和支持策略

教研目标

1. 在交流、分享、梳理中帮助教师寻找适宜的介入时机与支持策略。

2. 引导教师关注幼儿、关注生活、关注游戏、关注经验，有效支持幼儿学习。

教研实录

一、介绍背景，引出话题

主持人：《改造我们专业知识和能力结构》中强调：要帮助教师们学会有意识地用专业的眼光来分析儿童的行为，发现儿童的需要，通过组织不同类型的活动给予支持。而做好一名支持者，首先要学会观察，读懂孩子，选择合适的时机采取适宜的支持策略。大部分教师能看到孩子在活动中的表现，但是对于是否需要介入、该采取什么样的指导策略引导孩子进一步发展，有许多困惑。为此，我们围绕“从知道到做到——教研实录：研幼儿活动中教师介入和支持策略”这个主题进行研讨。

二、群策群力，答疑解惑

（一）各抒己见，阐述介入时机

主持人： 在教学实践中，您觉得教师在什么情况下需要介入呢？

徐老师： 小朋友发生争吵和冲突的时候。（发生争议时）

倪老师： 小朋友有安全隐患的时候。（有安全隐患时）

陈老师： 当孩子说老师我不会的时候，我们老师要去帮助他们了。（主动求助时）

强老师： 当孩子不愿意参加活动的时候。（不愿意时）

徐老师： 当孩子只喜欢做熟悉的事，不愿意接受挑战的时候。（不接受挑战时）

主持人： 我们梳理了需要我们老师介入的时机，这里哪几种情况其实是类似的？

倪老师： 我觉得不遵守规则就有可能会引发安全隐患，所以不遵守规则可以归纳为有安全隐患。

密老师： 刚才老师提出的不愿意和不接受挑战，都有可能是孩子对这个活动不感兴趣，这个活动吸引力不够，或者孩子的内驱力不足。

主持人： 针对以下四个介入时机，老师有没有好的指导方法？

介入时机	
发生争议	
安全隐患	
主动求助	
内驱力不足	

（二）结合实例，梳理支持策略

张老师： 发生争议时如何介入呢？上学期，我们班表演绘本剧《国王生病了》，小朋友都想演医生这个角色，为角色扮演发生了争执，我请幼儿讨论如何解决这一问题。幼儿觉得可以比一比，谁表演得更好就演医生，我也尊重了幼儿的想法。最后，候选人是通过表演后幼儿自主投票，票数最高的幼儿最后当选了医生。所以我觉得在发生争议时，可以通过这种竞选、幼儿集体投票的方式来进行介入。

主持人：张老师是在孩子有争议的时候进行有效介入的。请用简单的词语来概括你的支持策略。

张老师：同伴协商、竞选表决。

何老师：我觉得当孩子发生安全隐患的时候，我们的做法就是直接制止，避免孩子受到伤害。安全是一切活动开展的前提和保证。

梳理介入时机和支持策略：【发生争议——同伴协商、竞选表决；安全隐患——直接制止】

王老师：（提出困惑）我有一个困惑。和中班幼儿一起玩《睡莲花开》科学游戏，一开始幼儿很感兴趣，但是玩了几次就不感兴趣了，游戏材料一直放在科学区，无人问津。我用提问的方法介入：你们还有什么新的发现吗？幼儿仍然没有回应。对于这一点，我很困惑，接下来我该怎么做？

密老师：我也有这个困惑。在科学区和孩子们玩打陀螺的游戏时，一开始孩子们对打陀螺很感兴趣，每天都会进行陀螺争霸赛。但持续了一段时间后，我发现孩子们对陀螺的认识依旧停留在木制陀螺的外形和打陀螺的方法上。为了深入推进活动，丰富幼儿的经验，我通过提问的方式引导幼儿观察转动的陀螺，和幼儿一起探究陀螺旋转后形状和颜色的变化。

在探究陀螺变化的过程中，几个幼儿都出现了“陀螺转不起来”的现象，这是怎么回事呢？于是，我引导幼儿进行了谈话：“为什么我们自制的陀螺转不起来呢？”“陀螺在什么样的地方转得又快又稳？”通过提问引导和增加新材料的方法，激发了幼儿的内驱力，引发了幼儿更深入的探究。

王老师：密老师的提问更具体，更有针对性。我提供的材料也不够丰富，可以提供不同类型的餐巾纸、彩纸和卡纸进行比较，让幼儿发现不同纸花开花速度的秘密。

徐老师：在一次小班的剪纸活动中，一名幼儿一拿起剪刀就要求我帮帮他。如果我不帮他，他就不动；如果我去帮他，他就会产生依赖。对于这样的孩子，我是帮还是不帮？

蒋老师：这个情况我也遇到过。我是直接介入的，我采用了直接示范的方法，并配上生动的儿歌：大拇、食指钻山洞，洞里爬出小鳄鱼，张大嘴巴向前爬。鳄鱼来了，鳄鱼来了，啊呜啊呜啊呜！这样一来，孩子们就喜欢上了剪纸。

小菡老师：幼儿发出主动求助的时候可以先观察，而不是马上出手。先要看看到底是什么原因，如果是不会用剪刀，那么就像蒋老师一样用有趣的语言、动作来示范引导，如果难度太大，就可以用分层投放材料的方法，让幼儿先随意剪。通过材料的调整，满足不同层次幼儿的挑战需要。

梳理介入时机和支持策略：【有主动需求时——观察倾听、直接示范、分层投放材料】

三、案例剖析，提炼策略

（一）观看视频：美工区《制作小帐篷》

主持人：刚才是针对具体的一个问题来谈解决策略的。在实际的指导中，一个活动可能会出现多个问题，教师要不断地判断各种介入时机并灵活运用。接下来一起来分析张老师带来的中班美工区《制作小帐篷》的指导录像。

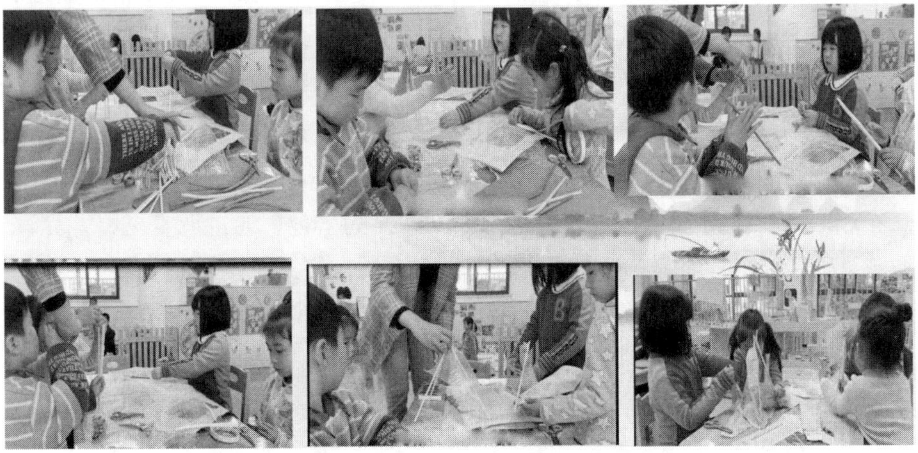

（二）思维碰撞：研讨教师介入的时机与支持策略

主持人：每一组都有一张记录纸，大家记录两部分内容：一是张老师在哪些时候进行了有效介入，采用了什么策略？二是你有什么调整与建议？

（表现形式：每组将方案展示在展板上，并选派一名代表和大家分享研讨成果）

第一组分享

徐老师：在视频中，小男孩用嘴巴咬吸管，老师多次提醒，最后直接制止并拿走吸管。另外，小柠檬自己尝试了很久也无法用皮筋固定住木棍，于是主动向同伴请教，面对孩子的主动求助，张老师直接示范，还用语言鼓励她尝试用绕圈的简便方法，从而帮助幼儿获得了成功的体验。

主持人：你们有哪些建议？

强老师：可以在相应区域设置幼儿自评表，比如：能用皮筋固定住木棍的幼儿可以奖励一颗星星。这样能更好地鼓励幼儿，增强他们的自信，激发他们的内驱力，同样也方便老师了解他们的能力水平。

梳理支持策略：【内驱力不足——自我评价】

第二组分享

王老师：在视频中，当一组幼儿的帐篷不能成功黏合，张老师采用了提问式介入："你们的帐篷为什么每个面都是敞开的？问题在哪里？"引导他们和对面即将成功黏合的帐篷进行对比，通过同伴互学的策略，幼儿成功地完成了帐篷的制作。因此，当幼儿缺少新经验的时候，可以采用提问引导、同伴互学的策略来支持幼儿。

幼儿内驱力不足的时候，也需要介入。小男孩只沉醉于玩木棍的游戏，没有参与到游戏中，张老师采用了语言激励的策略，不断鼓励小男孩和旁边的女孩一起合作，接着又采取了减少材料数量的策略进行了干预，在张老师的鼓励下，孩子成功参与到了活动中。

我们也有一些建议，比如：在小男孩游离活动之外时，教师多次提醒幼儿才进入游戏，是否有其他办法呢？根据幼儿的兴趣，通过调整材料，允许他做其他尝试。比如："能不能试着用吸管来制作帐篷呢？"抓住幼儿兴趣的同时，将注意力继续转移到制作帐篷上。

梳理支持策略：【缺少新经验——提问引导、同伴互学；内驱力不足——语言鼓励、替换材料】

第三组分享

可以追随幼儿的意愿自主选择，可以两两合作，也可以独立制作。对于内驱力不足的幼儿还可以师生合作。幼儿可以自己做一个计划，自己选择想做什么样的帐篷，选择一个伙伴，自主来收集他们喜欢的材料进行制作。有了计划书，幼儿的目标更加明确。伙伴和材料都是幼儿自己选择的，容易激发目标驱动力。

主持人：当幼儿内驱力不足时，可以用自主结伴、自主计划、创设情境的策略来激发幼儿的内驱力。

陈老师：我们觉得可以在美工区提供两个帐篷：一个是搭好的，另一个是需要幼儿动手搭建的，在搭建过程中，让幼儿更好地观察实物结构。同时可以提供更多的图片和相应材料，如：四面帐篷、五面帐篷、像房子一样的帐篷，引导幼儿尝试创作不同形态的帐篷，给予幼儿技能拓展和延伸的机会。教师要创设舒适的环境，让幼儿自主操作、自由交往，以此获得经验和发展。

梳理支持策略：【内驱力不足时——创设情境——自主结伴、自主计划】【缺少新经验——提供隐性示范】

主持人：今天的研讨，我们一共梳理了以下介入时机和支持策略，希望给老师们新的启发和思考。

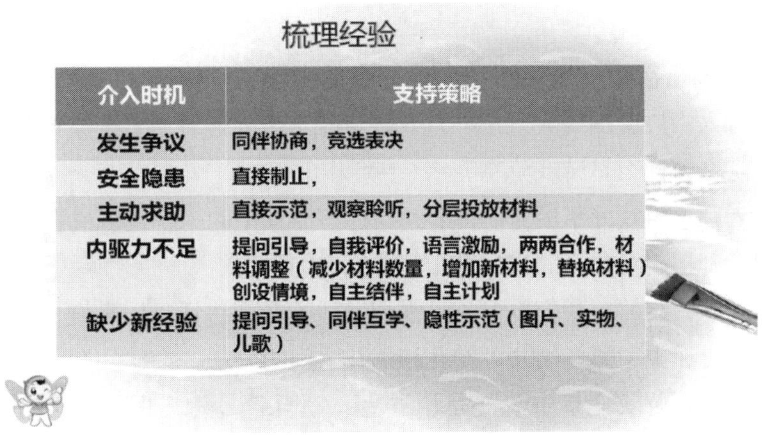

梳理经验

介入时机	支持策略
发生争议	同伴协商，竞选表决
安全隐患	直接制止，
主动求助	直接示范，观察聆听，分层投放材料
内驱力不足	提问引导，自我评价，语言激励，两两合作，材料调整（减少材料数量，增加新材料，替换材料）创设情境，自主结伴，自主计划
缺少新经验	提问引导、同伴互学、隐性示范（图片、实物、儿歌）

（三）总结提炼：适时介入，适宜支持

主持人：通过研讨我们更加明白，用心观察、发现幼儿的需求是教师介入引导的前提，今天经验的分享与梳理，有助于我们更快地判断介入时机，灵活运用适宜的支持策略，为幼儿建构新的学习经验，提升教育价值。当然，情境是瞬息万变的，我们的探索步履不停。在接下来的教研活动中，我们将这些经验的运用设计成评价表，通过对教师介入行为和幼儿表现的评价，让教师真正从知道到做到，更好地提升专业素养。

（吴中区吴中实验幼儿园　王艳）

案例二　优化游戏分享，助推儿童游戏发展

教研目标

1. 基于对游戏分享的理解，剖析游戏分享中的问题，进一步深入探究游戏分享和助推游戏发展的有效策略。

2. 在交流、梳理、思辨中，提升教师的反思能力，提高教师观察、倾听、解读幼儿及幼儿游戏的专业能力。

教研对象

吴中区石湖实验幼儿园大班组全体老师。

教研实录

一、畅所欲言：对话解读游戏分享的内涵、价值

主持人：最近围绕大班户外游戏研讨时，老师们对游戏分享产生了很多困惑。那么，什么是游戏分享呢？

吴老师：游戏分享就是幼儿表达自己在游戏中的一些趣事或者感受。

周老师：游戏分享的过程就是解决问题的过程。

吕老师：之前，我们更多的是强调老师的游戏讲评，后来慢慢转向了游戏分享，更注重老师和幼儿、幼儿和幼儿之间的分享。

王老师：游戏分享中老师是引导者、倾听者，幼儿也是倾听者和表达者，师生关系是平等的。

主持人：老师已经看到了游戏分享中师生关系应该是平等的，而且分享的主体是幼儿。

沈老师：游戏分享不仅可以让幼儿充分表达，还可以与同伴一起讨论、思辨。

金老师：从幼儿的分享中，我们可以听到幼儿的发现和问题，能清楚地了解到幼儿的游戏水平、游戏能力，从而推进下一次的游戏。

主持人提炼关键词：游戏分享的内容、师生关系、价值。

主持人小结：通过游戏分享，能从不同角度更深入了解幼儿的游戏水平和能力。

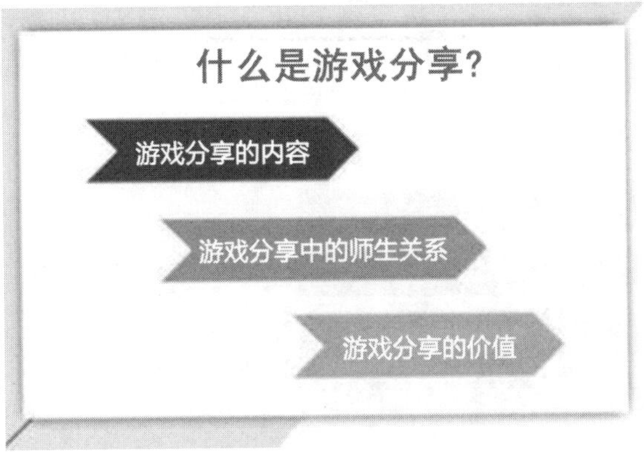

二、思维碰撞：提炼和梳理游戏分享的问题

主持人：下面我们就先来看一段视频，一起来找找游戏分享中的问题。(观看视频，寻找问题，梳理问题)

张老师：在视频中，穿黑色衣服的小男生在进行游戏分享的时候，其他小朋友并不是很感兴趣。(提炼问题关键词：幼儿游离，无法共情)

王老师：游戏分享的形式比较单一，老师引导的集体分享较多，幼儿之间的自由分享较少。(提炼问题关键词：教师主导，分享形式单一)

王老师：每次游戏评价的时候，每次都是班级里那几个会说的幼儿在分享，其他的幼儿一直没有发言的机会。(提炼问题关键词：交流对象单一)

陈老师：幼儿分享的时候非常积极，但是老师基本在重复幼儿的话。当某些幼儿提出不同观点或讲得比较简单的时候，老师会直接下结论，没有给幼儿一个思考、思辨的机会。(提炼问题关键词：下结论、重复)

金老师：在游戏分享中，老师每次游戏分享的提问都是相似的，固定的话语和环节，游戏分享更像是走流程。(提炼问题关键词：提问程式化)

沈老师：平时在游戏分享时，幼儿分享的问题很多，但是内容比较分散，有时候在分享的时候无法提取关键点。(提炼问题关键词：内容零散，关注个别)

郑老师：在进行游戏观察时，拍摄的照片比较随意，幼儿无法通过照片回忆游戏过程。(提炼问题关键词：照片缺乏话题性)

何老师：每次游戏分享环节，时间不够用了。(提炼问题关键词：时间有限)

周老师：游戏分享的时间太固定了。(提炼问题关键词：时间固定)

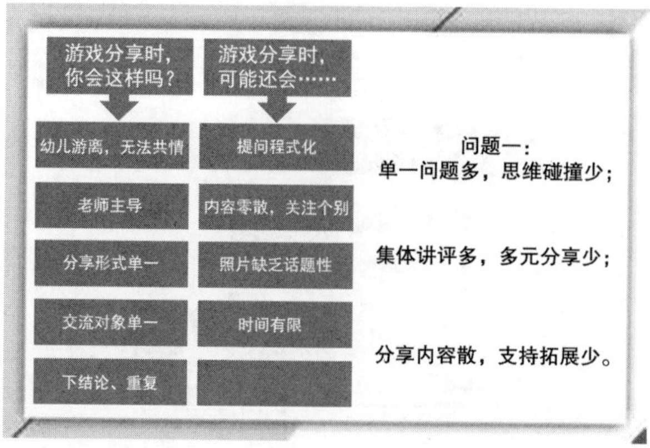

三、互动研讨：重构优化游戏分享的策略

1. 链接《评估指南》，寻找方向

主持人： 我们找到了游戏分享的三个主要问题，即单一问题多，思维碰撞少；集体讲评多，多元分享少；分享内容散，支持拓展少。为了能找到问题的突破口，我们一起来重温《评估指南》第21、22条。

链接《评估指南》，寻找方向

重点内容	关键指标	考查要点
A3.教育过程	B7.活动组织	20. 一日活动安排相对稳定合理，并能根据幼儿的年龄特点、个体差异和活动需要做出灵活调整，避免活动安排频繁转换、幼儿消极等待。 21. 以游戏为基本活动，确保幼儿每天有充分的自主游戏时间，因地制宜为幼儿创设游戏环境，提供丰富适宜的游戏材料，支持幼儿探究、试错、重复等行为，与幼儿一起分享游戏经验。 22. 发现和支持幼儿有意义的学习，采用小组或集体的形式讨论幼儿感兴趣的话题，鼓励幼儿表达自己的观点，提出问题、分析解决问题，拓展提升幼儿日常生活和游戏中的经验。 23. 关注幼儿学习与发展的整体性，注重健康、语言、社会、科学、艺术等各领域有机整合，促进幼儿智力和非智力因素协调发展，寓教育于生活和游戏中。 24. 关注幼儿发展的连续性，注重幼小科学衔接。大班下学期采取多种形式，有针对性地帮助幼儿做好身心、生活、社会和学习等多方面的准备，建立对小学的积极期待和向往，促进幼儿顺利过渡。

管老师： 第21条中主要的关键词是“探究”“试错”“重复”等，这些都是幼儿学习多样化的体现，我还看到了“支持”这两个字，那支持的前提是观察和识别。

袁老师： 我还在第22条中看到了“鼓励表达”“提问分析”“拓展经验”这三个关键要素，这也是游戏分享中的支持策略。

主持人：《评估指南》给我们指明了方向。

2. 讨论交流，共商策略

主持人：我们今天有三个问题。首先，我们先来研讨下第一个问题。两边的老师先自由讨论下。

金老师：在游戏分享中可以多提一些开放性提问，比如："游戏中发生了什么开心的事?""你有什么好办法?""你还会怎么做?"，这样能更好地启发幼儿的发散性思维，表达自己的观点。

主持人：开放性提问可以让大班幼儿展开叙事性讲述，让幼儿有话可说。（提炼策略 1：挑战性、开放性提问）

张老师：除了开放性问题，我觉得在此基础上，教师还要进行合适的追问。这让我想到我们孩子分享的一个小故事。

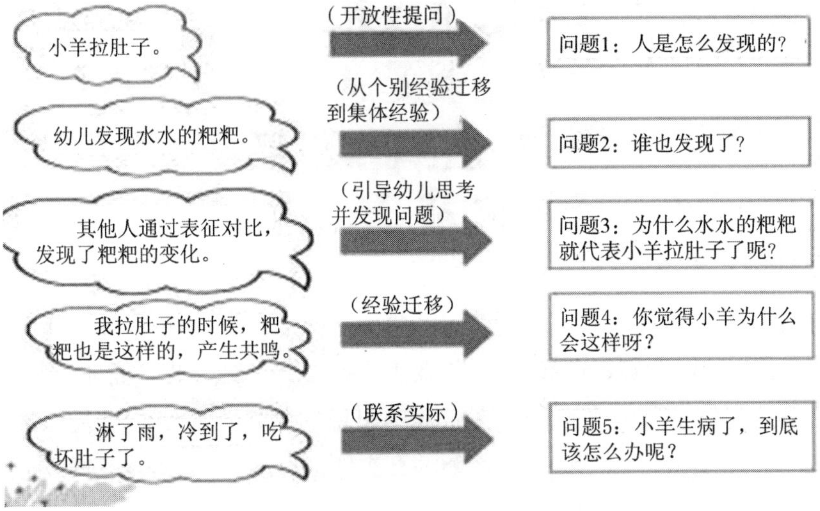

主持人：有层次的、递进性的追问也更好地体现了我们教师的语言调度能力。（提炼策略 2：有层次的追问）

赵老师：我在骑行游戏分享中遇到过这样一个情境：小交警闯红灯。引发幼儿发现什么车在红灯时，可以穿过十字路口。通过一系列的追问、合理的质疑，促进幼儿分享游戏时的思维碰撞。

主持人：灵活的提问和多样的互动方式是教师教学机智的体现，这样的抛接球过程可以更多地引发师幼之间的思维碰撞。（提炼策略 3：合理地质疑）

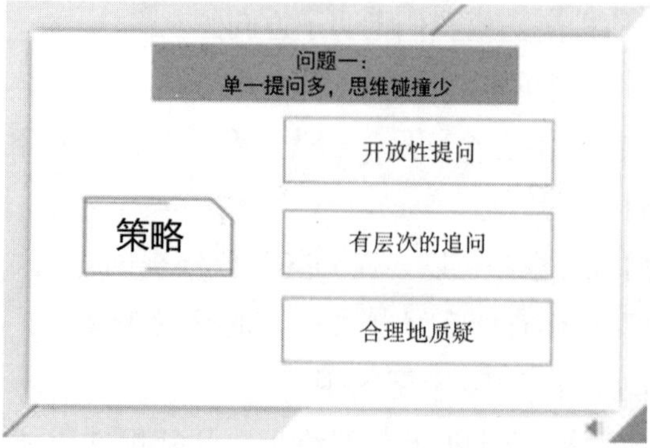

3. 分组研讨，继续解决问题

主持人：接下来还有两个问题，我们来分组讨论。

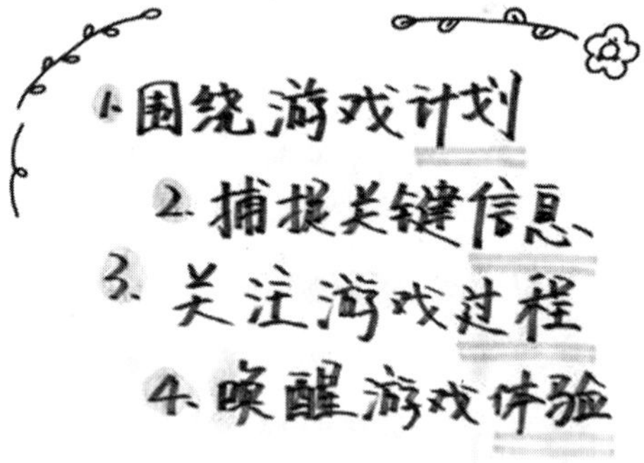

孙老师：我们第一组围绕问题三，想到了四个方法。首先，围绕着游戏计划，可以让我们游戏分享的内容更聚焦。第二个关键点是“捕捉游戏关键信息”。这些信息可能来自幼儿在游戏中出现的问题点、矛盾点及兴趣点。在游戏中进行定点、持续的观察，能够真实地捕捉到幼儿的游戏过程和游戏状态，看到真儿童、发现真问题。

吕老师：在游戏分享时，通过一些照片和视频，帮助幼儿回忆和讲述。向幼儿直观地展示游戏过程，通过情境再现，帮助他讲清楚游戏过程。我们觉得，在游戏过程中，幼儿可以分享开心的、愉悦的、积极的情绪，或者伤心的、难过的、焦虑的负面情绪，从而唤醒幼儿的游戏体验。

主持人：可视化的素材不仅还原了游戏的一波三折，也展现了幼儿的探索和思考的过程。

主持人：围绕游戏计划、捕捉关键信息、关注游戏过程、唤醒游戏体验这四个维度，将分享的内容具体并深入。

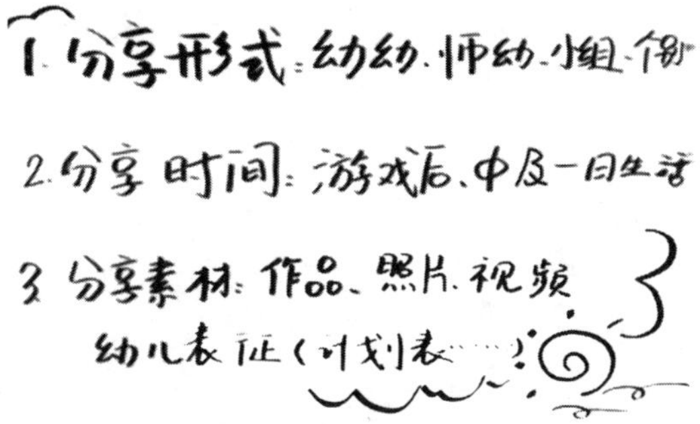

吴老师：第二组围绕问题二“多元讲评少”提出了三个策略。第一，游戏分享形式可以打破集体讲评的模式，进行多元形式的分享，如幼幼分享、小组分享、个别分享。第二，游戏的分享不局限于游戏结束后的那段时间，在游戏中和一日生活中幼儿之间也会有很多的分享交流。

沈老师：第三个策略，教师要充分利用幼儿的作品、游戏中的照片和视频，以及幼儿的表征，如记录表、设计图、计划表等，这些都是直观可视的，都能支持幼儿进行游戏分享。这里有一份幼儿孵化小鸡游戏时的记录表，他们会结合记录表分享自己的发现，随着时间的累积，有了记录的对比。可视化素材可以让自己随时回顾自己的游戏过程，发现更多的内容。

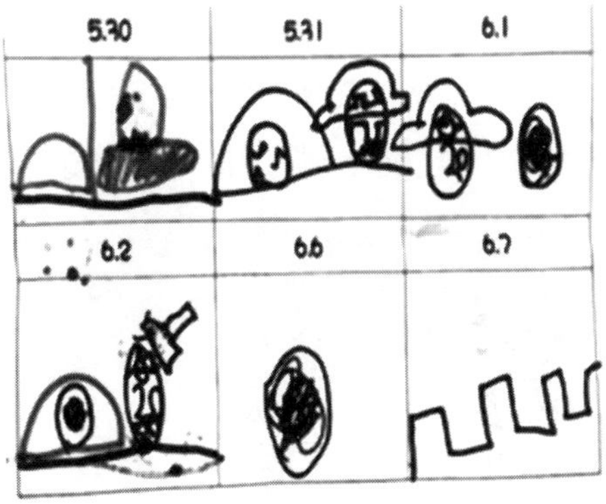

5月30日
今天用手电筒照鸡蛋的时候，我发现鸡蛋里面有红红的东西，是不是小鸡的嘴巴和小脚啊？小鸡可能快孵出来了。

6月2日
我现在都看不见鸡蛋里面是什么样的了。里面的黑色越来越多，越来越大，之前手电筒照上去还能看见一点点，现在上面和下面都是黑黑的。我的小鸡还能不能孵出来啊？

主持人：时间、形式、素材切入，打破了集体讲评的模式，让分享多元化。

四、深度剖析：实操助推幼儿游戏的发展

主持人：游戏分享的初衷肯定是回归幼儿的游戏，助推他们的游戏发展。这么多策略如何运用？我们一起围绕户外骑行视频，寻找游戏的生长点。

第一组交流：我们的关键举措是尊重幼儿的想法。在游戏分享中，要倾听幼儿的心声，尊重幼儿的想法，鼓励幼儿在游戏中玩一玩、试一试。

关于助推游戏，归纳出了情节拓展和玩法升级两个策略。一开始洗车店和过山车游戏没什么生意，幼儿就想到了很多办法，如使用优惠券来招揽生意，教师在肯定幼儿想法的同时，可以继续引导幼儿探索更多的办法，以拓展幼儿的经验。

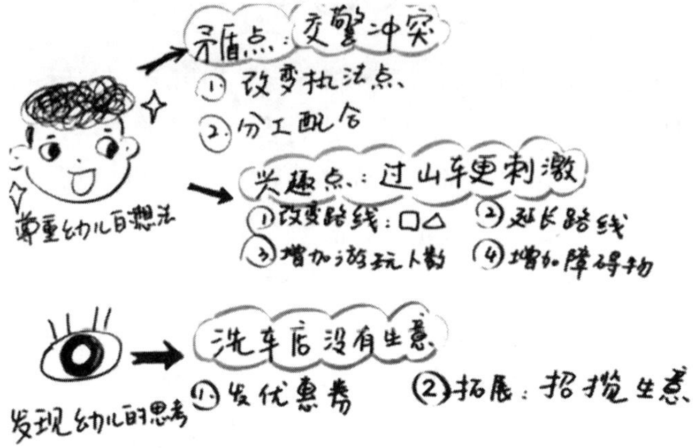

第二组交流：我们组围绕规则、经验、能力三个生长点来谈助推策略。在过山车游戏中，幼儿不能遵守游戏规则，可以增加举小旗的活动，帮助他们学会计时或利用沙漏控制游戏的时间。我们还发现幼儿的车子被别人骑走的情况，这可以和幼儿讨论一下取车和还车的方法。游戏的顺利推进，需要和幼儿共同讨论。

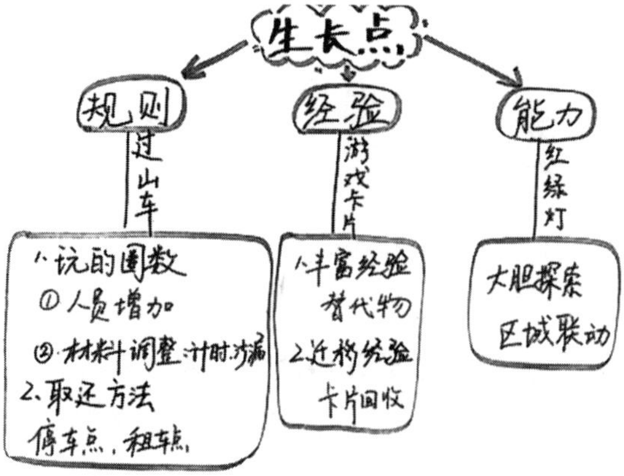

主持人：通过大家的研讨和吴老师的分享，我们再次认识到了观察、倾听和分享的重要性。游戏分享中既要相信儿童的力量，也要赋予儿童力量，让儿童游戏富有生命力。

五、共话成长：重新审思游戏分享

主持人：对开展游戏后的分享，大家肯定有了一些新的思考。

郑老师：游戏分享打开了一扇窗，我们看到了真实的儿童世界，我们要更用心发现和聆听儿童真实的世界。

周老师：游戏分享与交流，是一个共享、共鸣、共建的师幼互动和生生互动的活动。

王老师：游戏分享的过程其实也是让幼儿逐步从问题解决能力的提高，走向学习能力的提升过程。

沈老师：作为教师，我们需要做到的就是让幼儿保持对游戏的好奇心，用幼儿的眼光看待每一次游戏经历，用好奇心去发现幼儿的好奇。

管老师：我们要让游戏分享交流既有预设又有生成，促进幼儿的发展。

主持人：这是教师教学机智的体现。无论是游戏分享，还是游戏助推，重要的是内在理念的支撑。最后，让我们一起共勉三个“更加”：更加关注儿童的游戏过程及过程体验；更加聚焦并且融入儿童的真美世界和真美问题；更加贴近和发现儿童的天真。

（吴中区石湖实验幼儿园　孙菊　吴云）

世界上最长的桥是什么桥呢？

后记

非常荣幸，我能成为课程游戏化吴中实践的行动者和记录者。全书的编写，历时两年半，我们非常用心，尽管水平有限，但真实地记录着幼儿园不断改变的过程。初稿完成时，我记录下了当时的心情，也是当下我的感受。

当你静下心来，你经常走的那条平常路，会突然间笼罩着金色，你会发现生活是如此的美好。当我们汇编这本珍贵的书时，回望近几年的课程建设之旅，重新思考，重新梳理，才发现：我们一路不曾停，我们一路如此幸福。

我们一直在找寻一把钥匙，试图打开践行课程游戏化建设的“困惑之门”，让我们的实践更有信心，让研究更有逻辑、更有方法。在全体吴中幼教人的支持下，我们编写了《1米生活和100种问题——幼儿园课程游戏化的吴中实践》。全书共分八章，每章包括“我们的问题和建议”及“我们的案例”两部分。问题和建议，是教师们日常教育中经常会遇到的内容，既是行动中的思考，也是实践后的感悟。案例，是幼儿园一日活动中的鲜活记录，是真实的教学现场演绎，也是典型的教学经验凝练。这些研究和实践，虽很稚嫩，但很真实。我们坚信，通过不断研究和改进，一定能不断完善。

教育是日复一日的坚持，我们始终行走在课程游戏化建设的征程上，相信所有的美好都在坚持的路上。

再次感谢所有关心我和吴中幼教的朋友们！

杨舒菡

2024年1月3日

水里的桥墩是潜水员建的吗?